現場と図面をつなぐ

図解 木造住宅の設計

半海宏一 著

JN065970

学芸出版社

はじめに：木造住宅を図解する

　大学を卒業して設計事務所で働きはじめると、木造について何もわかっていないことに気がついた。先輩所員の下について木造住宅を担当することになったのだが、まず図面が読めないという事実に直面した。大学の住宅課題で描いた平・立・断面図ならかろうじて理解できるが、ほかの図面は全く意味がわからない。ただ無心にトレースしていた矩計図はもちろん、基礎伏図がどう立体として立ち上がり、構造図はどう図面を読めば良いかさえ知らなかった。

　訪れた施工現場ではさらに戸惑った。広小舞、登り淀など部材の名称や相じゃくり、本実など加工の名称について、現場で飛び交う言葉が理解できず、事務所に戻った後で必死になって調べる日々が続いた。なんとかしなくてはと手に取ったのは、40年前（当時）に出版された木造建築の入門書と用語辞典。継手や仕口のわかりやすい図解に助けられながらも、いざ図面と現場の溝を埋め合わせようとすると、現代住宅の仕様とどうしてもズレが生じる。ズレを解消するため、最新の雑誌を読み漁ったり、WEBで検索したり、メーカーに問い合わせたり……。世の中に散らばる知識を少しずつ拾い集めて、所長や先輩のもとでコツコツと6年間経験を積み、2014年に独立した。現在も日々、木造住宅の設計に向き合っている。

　図面上とちがって、実務で向き合う実物の建築は大きい。原寸で考えてやっと理解できることもあれば、思いがけない制約や要請も多い。小さな図面と実物の建築の間に溝があるのは当然で、現場は経験を積むことでしか身につかない実践知に支えられている。とはいえ少しでも図面と現場を近づけて、理解を深める手助けができないか、との思いをかたちにしたのが本書だ。左頁の図面と右頁の立体図を見比べながら、建築が立ち上がるプロセスや現場の豆知識を学ぶというシンプルな構成としている。後半は室内空間の詳細な納まりも収録した。

　また今回は建主にも協力いただき、引渡し後の実際の生活やメンテナンスといった竣工後の設計者の関わり方も収録した。新米所員だったころの自分、図面上の建築しか知らなかった学生の頃の自分に手渡したいと思える一冊を目指している。

目次

1 基本設計

住み続けてもらうために

初めて新築住宅の依頼を受けたのがこの住宅である。案はいくらでも考えられるが、限られた予算のなかで建主やこのまちのためにできることを思案した。木造には増改築の文化がある。数十年後、もし住まい手が変わっても、まちに愛される住宅であればだれかが直して住み続けてくれる。手を入れながらかつての工法を学び、その土地らしい佇まいや文化を継承することができる。そんな未来のことを考えながら日々、設計している。

吹抜けのある家

　住宅設計とは、生活する人の日常を包み込む器をつくる行為だと考えている。設計の醍醐味は、その家族のための器を何度も練って考え尽くし、生活に合う"かたち"を与えることである。一人として同じ人がいないように決して同じものはなく、かたち、大きさ、素材なども多種多様。

　今回の住宅は、夫妻とお子さんの3人暮らしの住宅である。要望は、音楽が楽しめて本に囲まれた生活ができる住宅。趣味のベース演奏やロックな音楽が一日中鳴り響くこともあれば、日がな一日読書を楽しまれることも。そこで家の中心に、多趣味な時間を家族と共有できる吹抜け空間を据えた。本の頁をめくる音、好きな音楽、薪のはぜる音、生活のあらゆる音がこの吹抜けに集まる。ここで心地良いセッションを奏でてもらいたい。

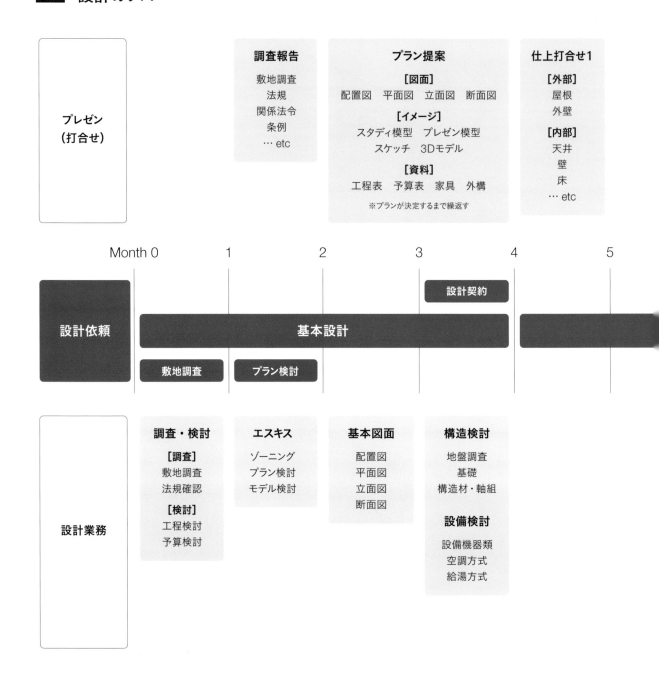

設計業務とは?

依頼を受けて設計は始まる。まずはこの「設計依頼」というスタート地点から折り返し地点である「工事開始」まで、設計者の仕事を見渡してみよう。設計業務は大きく3段階に分けることができる。第1段階が、全体プランを練って決定する「基本設計」。第2段階が基本設計図を基に詳細な仕様を決め、構造や設備を含めて見積及び施工するための「実施設計」。第3段階が、屋根や壁や開口部の取り合いなど、現場で職人が見る施工図に相当する「工事監理設計(詳細設計)」。

並行して、建築基準法や関係法令に適合しているか、図面や仕様書を行政機関(役所)へ提出する確認申請業務もある。設計期間は物件の規模や内容によって前後するが、ここでは一般的な木造住宅を想定し、基本設計に4カ月、実施設計に4カ月の計8カ月を例としている。

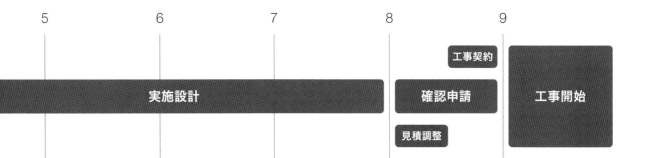

仕上打合せ2	水まわり打合せ	実施設計 最終打合せ
[外部] 外部仕上再確認 外構 **[内部]** 内部仕上再確認 造作建具 造作家具 … etc	**[外部]** 外部仕上再確認 **[内部]** 内部仕上再確認 キッチン・パントリー 洗面脱衣所 浴室 … etc	各図面の最終確認

5　　　　　6　　　　　7　　　　　8　　　　　9

実施設計　　　　　工事契約　　**工事開始**

確認申請

見積調整

実施図面

[意匠図]
意匠特記仕様書　案内図　建築概要　面積表
仕上表　配置図*　平面図*　屋根伏図　立面図*
矩計図*　展開図*　天井伏図　建具表

[構造図]
構造特記仕様書　地盤調査図　地盤改良図　基礎伏図*
基礎断面リスト　床伏図*　小屋伏図*　軸組図　金物リスト

[設備図]
設備特記仕様書　照明設備図　弱電設備図
照明機器リスト　設備機器リスト　給排水設備図

* 本書で取り扱う図面

確認申請図書

確認申請書
付近見取図
求積図・求積表
配置図・平面図
立面図
断面図
シックハウス図
換気計算表
使用建材表
天井裏の措置

工事監理設計

[詳細図]
屋根詳細図*
外壁詳細図
基礎詳細図
外部枠まわり詳細図*
内部枠まわり詳細図*
水まわり詳細図
家具詳細図

* 本書で取り扱う図面

打合せは2時間以内

図面を描くだけが設計ではない。設計案は、建主との打合せやプレゼンを繰り返しながらブラッシュアップさせていく。基本設計では、敷地調査やエスキス(スケッチ)ののち、プランが決定するまで打合せを重ねる。実施設計に入ると、だいたい月1回のペースで会い、仕上げや設えを決定していく。注意したいのが打合せの長さである。特に内部空間の仕上げとなると、あれもこれもと建主の意見もたくさん出てくるのだが、時間が長くなるほど建主の体力(集中力)が保てなくな

る。ただでさえ、普段見慣れない図面を一生懸命読み込んでくれている状態である。経験上、雑談も交えながら2時間以内に終えるようにしている。建主によって事前に図面を見ておきたい人もいれば、当日その場で見るのを楽しみにされている方と十人十色。臨機応変に対応しよう。

実施設計の打合せ風景
図面を見ながら室内の床や建具の仕上を検討している。実際に使用するサンプルを確認し
てイメージを共有する。ここに到達するまでに何度も打合せを重ねる。だからこそお互いに
波長が合うかどうかは肝心。

設計依頼は突然

依頼はいつも突然やってくる。事務所のウェブサイトからの問合せが増えているが、〈吹抜けのある家〉は一本の電話から始まった。すでに敷地が決まっていて、住宅の設計をしてほしいという。依頼時点ですでに敷地が決まっているケースは多い。この場合すぐに敷地調査に入り、スムーズに設計が始められる。一方敷地が決まっていない場合は、いくつかの土地候補を一緒に見てまわる。崖や急傾斜地に面した土砂災害警戒区域の敷地など、ひと癖ある敷地が候補に入っているのことも。土地が安く手に入っても、地盤改良や擁壁工事など、思わぬコストが発生する可能性を説明するのがこの段階での設計者の役目である。さすがにどの土地を購入するか決定するのは建主だが、建築が可能かの確認、周辺環境の状況把握など、専門家としてしっかりアドバイスすることが求められる。

「事前相談シート」　　　　　記入年月日：　　　年　　月　　日

※お打合せをスムーズに進めるため、お分かりになる範囲でご記入下さい

（1）基本情報

ふりがな	
氏名	
住所・連絡先	〒　　　　　　　TEL: 　　　　　　　　　FAX: E-mail :
勤務先	
計画のきっかけ	

（2）計画概要

敷地の住所	〒
敷地面積	㎡または　　　　　坪
希望の建物規模	延べ床？坪建て　　　　㎡・　　　　坪

敷地の地域、地区等

用途	□第1種低層住居専用 □第2種低層住居専用 □第1種中高層住居専用 □第2種中高層住居専用	□第1種住居 □第2種住居 □準住居 □近隣商業	□商業 □準工業 □工業 □工業専用	（用途無指定）　建ぺい率 　　　　　　　　　　　　　　% 　　　　　　　　　　容積率 　　　　　　　　　　　　　　%
防火	□防火地域 □準防火地域		□希望計画区内（市街化区域・市街化調整区域・他） □都市計画区域外	
	□22条区域			

（分かる範囲でお願いします）	その他の区域・地域・地区・制限　指定（　　　　　　　　　　）
希望の工事内容	□新築工事　□増築工事　□増改築工事　□改築工事　□その他（　　　）
希望の工事範囲	□建築本体工事　□設備工事　□家具（造付1事・置き家具） □外構工事（塀・門屋・ガレージ）　□造園工事
予算（ご記入ください）	建築工事費＋造園工事費＋置き家具代＋設計料＋消費税を含む総予算 　　　　　総　額　：　　　　　　　　　　　　万円
資金計画	□自己資金　□銀行融資　□公的融資　□会社融資　□その他
希望の構造	□木造　　□鉄筋コンクリート　□鉄骨　　□混構造　□その他
希望の工期	年　　月から　　　　年　　月まで （工期を縮少しなければならない場合など）
施工指定業者の有無	□無　　□有　　　名称： 　　　　　　　　　担当者：　　　　　　　　TEL　：

※地図、敷地図、測量図等、その他資料があればよろしくお願い致します

（3）現状の家族情報

ご本人		歳	職業（業種、職種など）：
	身長	cm	趣味：
配偶者		歳	職業（業種、職種など）：
	身長	cm	趣味：
子供	歳	歳	今後の予定：
	歳	歳	
	歳	歳	人予定
祖父母	歳	歳	介護の有無
	歳	歳	□必要　□不要
その他同居人			
ペット		（　室内・外部　）	無
現在の家	□一戸建て □マンション □アパート □その他		□木造 □鉄筋造 □鉄筋コンクリート □その他
備考			

（4）建築に対するイメージ・ご希望

建築イメージ
ご希望
その他

※委託者の個人情報を設計業務以外に用いたり、他の第三者の業者等に漏らす事は絶対に致しません

半海宏一建築設計事務所

事前相談シート
打合せ前に上記の「事前相談シート」を書いてもらう。建主の基本情報、分かる範囲での計画概要、そして現状の家族情報や建築に対するイメージ。このシートは初回の打合せで必要になるだけでなく、設計途中で見返して当初のイメージを確認したりする。

建主とは永いお付き合い？

初回の打合せでは、敷地情報や予算、工期などを聞き取りながら、引き受けられるプロジェクトかどうかを確認する。プロジェクトの諸条件はもちろんだが、ここで大事なことは建主と波長が合うかどうか。これから永いお付き合いになるのに、会話が噛み合わなければ設計も難しくなる。雑談を交えながら、お互いがどのような価値観をもっているかを知り合えるよう心掛けている。2回目くらいの打合せでは、実際に生活されている今の住まいにお邪魔して、生活の様子を教えても

らうことが近道である。その際、人柄だけでなく暮らしぶりや趣味、どんなものを飾るのが好きかなどを確認する。設計者と建主の関係は、竣工しておしまいにせず、住宅とご家族の成長を一緒に見守ってゆけるような間柄でありたいといつも思っている。その意味でも、初めの打合せは重要なポイントである。

計画地の周辺

縁石ブロックが高いので切り下げが必要

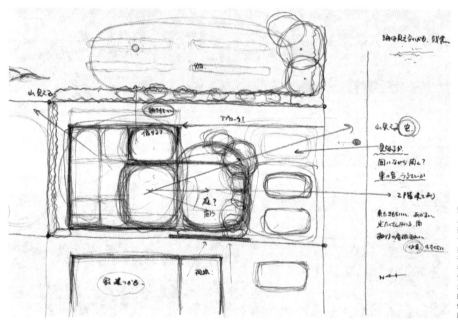

敷地調査メモ
この敷地は南側が大通りに面している。南側を開放的な空間にしたいが、車の音、通りからの視線が気になる。敷地の奥行きを使い、道路側からなるべく距離を取り、庭で上手に囲いができないかを考えていた。この敷地は東側が明るくて気持ち良い。敷地から海を見ることはできないが、その先に海があることも心理的に影響しているのかもしれない。庭の位置と玄関となる入口は敷地調査ですぐに決定した。

敷地調査は感覚を大切に

設計に入る前に必ず行うのが敷地調査。豊かな緑地に面した閑静な住宅街もあれば、極端に細長く狭い密集地や、崖付きの斜面地など、特殊な敷地も多々ある。難しい形状ほど腕を試されているようでワクワクするし、何度経験しても早く敷地を見たい！という衝動に駆られる。今回はきれいに整地された分譲地だった。まちを歩いてみると、古くからの旧家や近隣の住宅などから、少しずつ地域性が見えてくる。周辺の環境も理解しながら、この場所にあるべき姿を想像する。音や匂い、空気感などから、その場所でしか得られない感覚を多角的に感じとることも大切にしている。「敷地調査は何を見ているのか？」と建主からよく質問を受けるが、計画地よりも周辺の環境を見ていると言ったほうが正確かもしれない。取り巻く環境を調べて土地の長所を見つけることが結果的に良い計画につながるし、建主のためになる。

電柱

マンホール

側溝

最終マス

側溝

量水器

電柱の位置を確認

マンホール、側溝、量水器、最終マスの位置を確認

計画地は切妻屋根の多い海沿いの地域

確認すべきはインフラ!

現地調査のポイントとして真っ先に挙げられるのは、計画地の境界線である道路境界線や隣地境界線の確認。境界の位置を示すプレートがあれば一安心だが、簡単な印だけがしてある場合もある。境界が確定していない場合は自治体に申請が必要となる。次はインフラ設備の確認である。電柱(電気)、量水器(給水)、最終マス(排水)、マンホールの位置やガスの引き込み位置などのインフラ設備を確認する。近くに

電柱がない、敷地内に量水器、最終マスがない場合は、早めに各機関に問い合わせて事前確認する必要がある。この各機関は地域によって組織編成が異なり、役所(市区町村)や土木事務所(都道府県庁)などを訪ねまわることもしばしば。"場所によって違う"と腹をくくっていても慣れるまでは時間がかかる調査なので、しっかり心積もりしておこう。

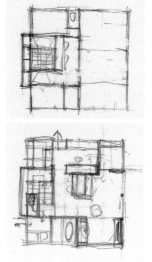 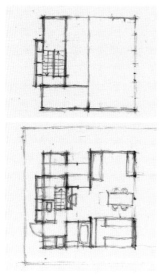 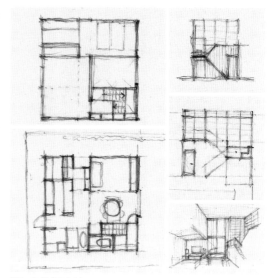

①A-2案(食卓中心)
家族が集まる食卓を中心に。でも、くつろげる
空間が乏しい

②B-1案(LDK南配置)
食卓、キッチンを窓側へ。玄関とキッチンの位置が
微妙

③C-1案(階段図書室)
リビング、ダイニング、階段、本棚空間をつなげる。2階も空間がつながり、どこからでも
本が視界に入る

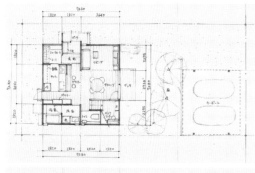 

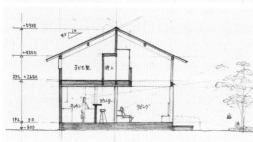

④C-3案(階段図書室)
吹抜けの開口部から庭、空を眺める。32坪の住宅
におおらかな空間をつくる。ぐるぐる回れる動線も
よい。まだ包まれた感じが出ていない

エスキスは粘る

エスキス(スケッチ)の方法に決まりはないが、私の場合は敷地調査で現地を訪れた日から始めるようにしている。現地で描ききれない場合は、事務所への帰り道の電車で、撮影した写真や動画を見返しながら、なるべく記憶が鮮明なうちにエスキスをする。しかし、この段階でプランが決まることはない。敷地で得たインスピレーションを一通りメモして、少し寝かせて、冷静になった段階で再びエスキスを始める。さらに、朝・昼・夕・夜など、時間帯や曜日を変えて何度も敷地を訪れて検討する。建主との打合せ本番までなるべく粘って、あらゆる選択肢を考え尽くすと、プレゼンの際もしっかり筋の通った提案ができる。紙の上で考えるだけではなく、スタディ模型という検討用の模型をつくって空間を考えることも欠かせない。時間のある限りベストを尽くしたい。

①〜⑦の順番に平面を中心に代表的なエスキスを掲載。
最終的に階段図書案のC-4をベースに基本設計をまとめる。
最終的に、D-I案で浮上した薪ストーブを設置している。
A案：A-I→A-2→×
B案：B-I→×
C案：C-I→C-2→C-3→C-4
D案：D-I→×

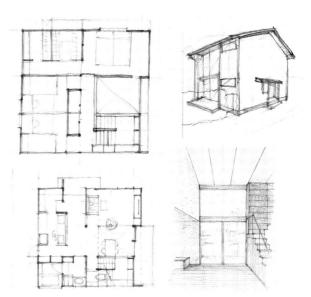

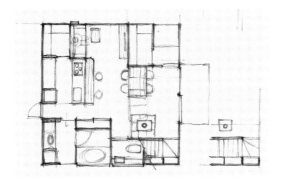

⑤D-I案（階段図書室＋薪ストーブ）
別案を考えてみる。吹抜けを利用して薪ストーブを計画。食卓中心。ソファ空間は
お一人様？

⑥C-4案（階段図書室）
C案に戻る。忙しい夫婦にとっては、やはり玄関、パントリー、台所の動線は重要。正方形を崩した
方が内部空間は豊か？

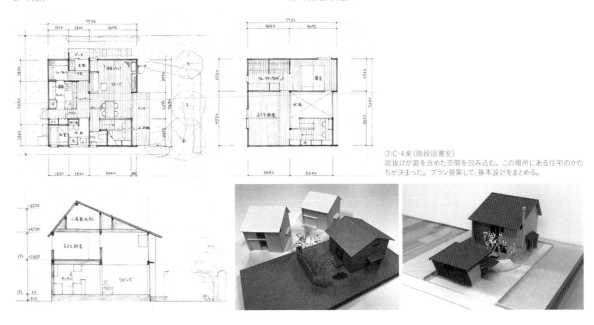

⑦C-4案（階段図書室）
吹抜けが庭を含めた空間を包み込む。この場所にある住宅のかた
ちが決まった。プラン提案して、基本設計をまとめる。

初球はストレート勝負

さて、エスキスで案がまとまれば、次はプランを詰めていく。基本図面となる配置図・平面図・立面図・断面図・概算見積・工程表などの資料を揃え、模型もしくはパースを準備することが多い。図面は建主が読み取れない情報も多いので、空間をイメージしてもらうために模型かパースは必須。初回のプレゼンは毎回緊張しながら建主の反応をうかがう。2、3案用意する方法もあるが、私の場合最初はいつも1案だけ

で、そこから建主との打合せで発展の方向性を探るという進め方である。エスキスを重ねて与条件を整理し尽くした結果、ベターではなくベストを最初の提案にする。もちろん、そこからが始まりで、再びエスキスを重ねて、案ががらっと変わることもある。建主とともに2案、3案と展開していくのも打合せの醍醐味である。

−300（KBM±0）

電気引込柱

道路境界線：10330

前面道路

歩道

別棟

庭

グレーチング

既存側溝

マンホール（KBM）

量水器

最終マス

薪小屋

±0（+300）

−300（KBM±0）

N

配置図 S＝1:100

住み心地に直結する隣地との関係

佇まい全体を把握する配置図はとても重要。計画地と周辺環境、室内外と外構との関係を把握し、24時間365日の関係をいかにうまく築けるかは、住み心地を大きく左右する。以前建主から「住まい手は自分の敷地内しか見ていませんよ」と言われたことがある。無理もない話だが、建主が考えないあらゆる生活のシーンを想定して、思わぬ気づきや何気ない豊かさで、空間の価値をより高めていくことが設計者の務めだと考えている。だからこそ、配置図ではしっかりと隣地との関係や周辺の情報などを描き込み、最初の段階で詳しく説明する。この住宅は分譲地で、周辺に大きな建物がなく、どの向きにも比較的開口を取りやすい恵まれた敷地だった。また、敷地が狭い場合、施工する際に必要となる足場を設置できるように寸法を確保しておくことも忘れずに。

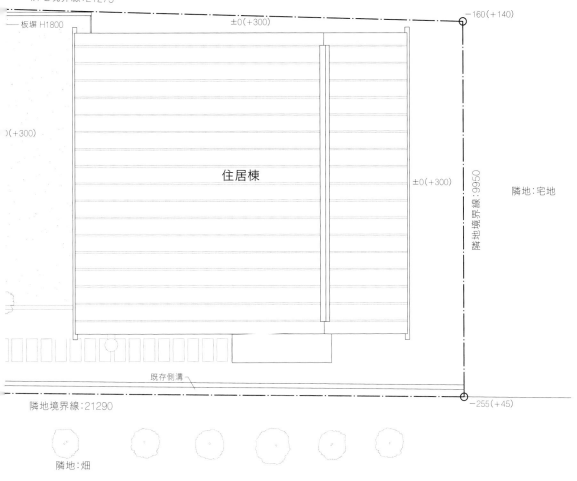

隣地:宅地

隣地境界線:21275

板塀 H1800

±0(+300)

−160(+140)

(+300)

住居棟

±0(+300)

隣地境界線:9950

隣地:宅地

既存側溝

隣地境界線:21290

−255(+45)

隣地:畑

脇役が主役を引き立たせる

配置図兼平面図の情報は盛りだくさんになってしまいがち。必要な情報を見逃さぬよう、この図面で一番大事な情報は"主役"として、色を変える、濃度を変えるなど表現方法を検討しよう。例えば、植栽などの外構部分はグレーにトーンを下げて表現して、脇役に徹してもらう。かといって、主役だけでは成り立たず、やっぱり脇役あってこその計画。バランスよくまとめ、一目で情報が伝わるよう心がけよう。図面は線情報であるが、濃淡を上手く使い、全体を絵として美しく整えてあげれば、色を使わなくても情報の強弱で図面を理解することができる。これはフォントや文字の大きさも同様。ただし、現場では暗くなると文字や寸法が見づらい。一緒につくってくれる職人の視点も大切である。

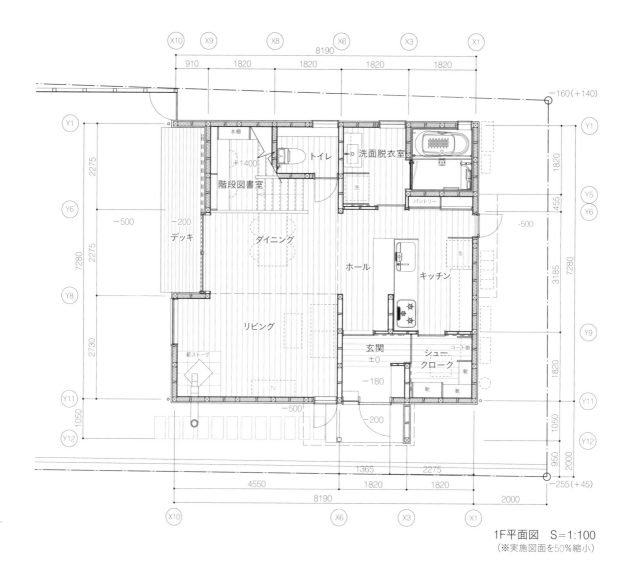

1F平面図　S＝1:100
（※実施図面を50％縮小）

間取りから自由になる

建築図面の代表といえば平面図。居室の配置計画はもちろん、柱や下地の位置、壁の構成など、工事現場でも建築の全体像を確認するためになくてはならない重要図面である。この平面図によく似ているのが、不動産情報のウェブサイトなどの「間取図」。日常的に目にするためか、家づくりは6畳間やリビングをパズルのように組み合わせて"○LDK"という定型で考えるもの、と思い込んでいる建主も多い。実は、頭の中に思い浮かべた居心地の良い空間を実現させる方法は"○LDK"ではなく無限に存在する。だから、建主との初回の打合せではいつも、「一旦、間取りという考え方は消してみませんか？」と伝えるようにしている。

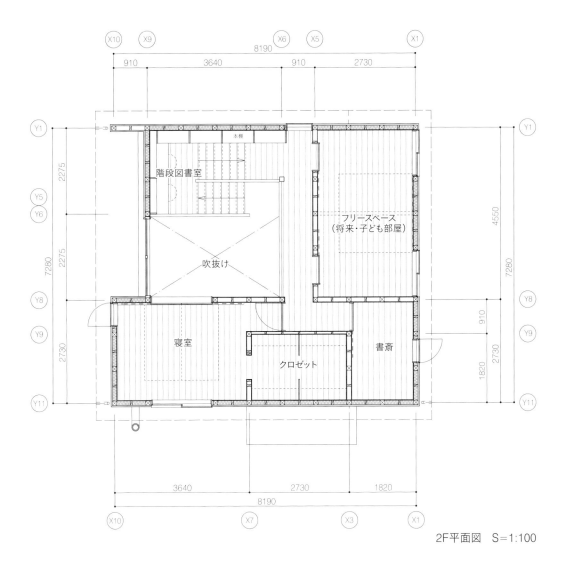

本棚

階段図書室

フリースペース
（将来・子ども部屋）

吹抜け

寝室

クロゼット

書斎

2F平面図　S＝1:100

構成している部材を知る

設計図として平面図を描く力をつける一番の近道は、構造の種類や厚み、構成している部材を知ること。縮尺 1/100 などの平面図では壁の構成部材まで描き込めない。学びはじめのころは、扉や窓などの開口部でつまずくことが多いが、開口部などの枠まわり詳細図を写真の実物と照らし合わせながら描いてみると、細かな部分が理解でき、迷いなく描き進められる。まずは木造住宅の成り立ちを理解して、各部分を構成し

ている部材やその納まりを知る。そのうえで手っ取り早いのが、現場で実物を確認すること。職人の仕事を実際に見て理解することで、頭の中は格段に整理される。スマホで写真を撮っておいて見返すことも多いが、その場で手を動かしてスケッチを描くと、頭の中だけでなく身体的に習得できるのでおすすめ。

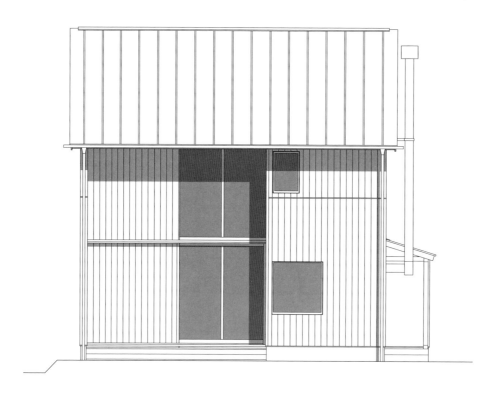

南立面図　S＝1:100

佇まいは内部空間の表れ

建築の立面（ファサード）は家の顔。建主にとっては「わが家
に帰ってきたな」とほっとできる佇まいが大切だし、ご近所さ
んにとっても自分のまちを構成するまち並みの一つだと思える
と良い。プロポーションや素材、足元から基礎、壁、開口部、
屋根、薪ストーブをつけるなら煙突も重要な構成要素。考え
ることはいくつもある。最も悩むのは窓の位置。立面は内部
空間の表れであり、生活の様子が外部へそのまま溢れ出した
状態ともいえる。反対に外部からは内部を見られるという関
係も生まれ、窓の位置次第で暮らしの中での安心感が大きく
左右される。設計段階で、建主から「この窓だと大きすぎて落
ち着かない」と言われた苦い経験もあり、生活する人の立場
で慎重に計画している。ちなみに職業病であるが、設計者は
まちを歩いていると窓の大きさや位置で家の内部空間がお
およそわかってしまう。

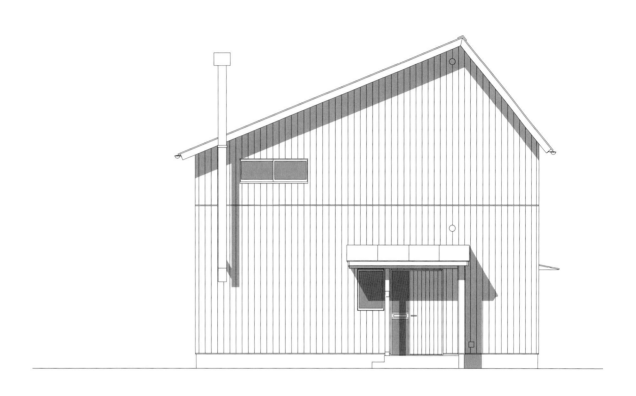

東立面図　S＝1:100

小さく身近な公共建築

住宅は生活するために必要なシェルターであり、非常にプラ
イベートな空間である。生涯に一度はマイホームを建てたい
という日本特有の住宅文化もあって、多くの場合、建主がロー
ンを組んで計画が進む。個人の所有物なので外観にも好み
が反映されるが、何をしてもいいというわけではない。大きさ、
かたち、素材や色など、周辺環境に与える影響も大きい。地
域の一員としてご近所さんに美しいまち並みだと思ってもらう

ためにどうあるべきかを考え、まちの顔をつくっているのだとい
う気持ちが大切である。まずは街区や集落のかたちを観察
し、気候風土に合わせることが基本の姿勢だろう。そして、理
屈抜きに"美しい佇まい"の住宅を考えたい。住宅が一番小
さく身近な公共建築だと思えば、自然と"美しい佇まい"にな
る。

▽棟高 +7184

910 　 3640

2184

屋根:ガルバリウム鋼板 瓦棒葺き t=0.35
下地:アスファルトルーフィング 22kg
インシュレーションボード t=12

10
4

断熱材:高性能グラスウール
t=155

▽桁高 +5000

天井:紙クロス貼り

150

雨樋:スタンダード 半丸105、丸たて樋

1300

鼻隠し:スギ 30×120
破風板:スギ 30×130

2170

軒裏:スギ板小幅板本実張り t=11

庇:ガルバリウム鋼板 t=0.35

階段図書室

▽2FL +2600

180

2400

7684

2200

ダイニング

床:ラーチフローリング
t=15
下地:構造用合板
t=24
断熱材:スタイロフォーム
t=50

2600

455

ウッドデッキ:イペ t=30
▽1FL ±0

WP

▽テラス −200

500

▽GL −500

FB1

200

▽フーチング下 −700

まねることが近道?

矩計図には、設計のあらゆる意図やこだわりが詰まっている。理解していなければ描くことも難しいが、描けるようになると楽しくて仕方がない。何倍も情報密度を濃くした断面図と思ってもらえればよく、その建築を丸裸にするような図面である。屋根を支える柱や梁、開口部の取り合い、天井・床の下地や仕上げと、各部材の寸法や細かな仕様を書き込むので、前述のとおり現場で建築がどのように組み立てられていくかを見て理解するのが一番の近道。この図面さえあれば大工が勝手に建てられるくらいの完成度が求められ、実施図面の提出直前まで精度を上げ続ける。"習うより慣れろ" とはよく言ったもので、見たりまねたりしているうちに気がつけば私も描けるようになっていた。

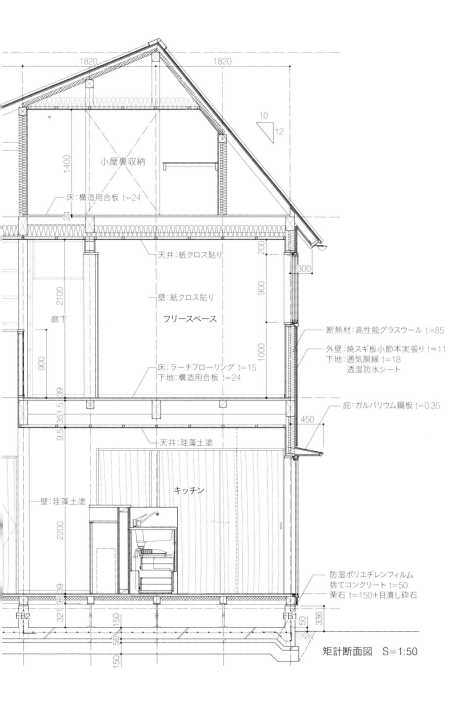

矩計断面図　S=1:50

図中のラベル：

- 1820　1820
- 10 / 12
- 小屋裏収納
- 1400
- 床：構造用合板 t=24
- 24
- 天井：紙クロス貼り
- 200
- 壁：紙クロス貼り
- 300
- フリースペース
- 900
- 2100
- 廊下
- 断熱材：高性能グラスウール t=85
- 1000
- 外壁：焼スギ板小節本実張り t=11
  下地：通気胴縁 t=18
  透湿防水シート
- 床：ラーチフローリング t=15
  下地：構造用合板 t=24
- 900
- 庇：ガルバリウム鋼板 t=0.35
- 39
- 9.5 351.5 351.5
- 450
- 天井：珪藻土塗
- 壁：珪藻土塗
- キッチン
- 2200
- 防湿ポリエチレンフィルム
  捨てコンクリート t=50
- 栗石 t=150＋目潰し砕石
- 39
- FB2
- 321 90 90
- 150 150
- FB1
- 50
- 336
- 150
- 50

天井高は悩ましい

階高、構造部材の寸法、天井高、窓の位置、**天井懐**（てんじょうふところ）の空き寸法、設備関係の配管・配線ルート……矩計図を描くときには無数の決断を迫られる。あらゆることを考える時間のかかる図面だが、描き終えると達成感はひとしお。ちなみに、私がいつも悩むのは天井高。視覚的にも空間のプロポーションに直結するし、内部の空間体験も左右する。もちろん階高は、柱などの材料寸法や階段の蹴上寸法の割付けとも連動するし、日光の入り方などの環境も影響する。窓の位置を合わせるために何度も検討を重ね、模型をつくったりパースを描いたり、時には上棟時の現場確認で天井高を変更することも。現場には大変申し訳ないが、それだけ天井高は重要で、空間体験を決定づける大切な寸法だと考えている。

――――
天井懐：下階の天井と上階の床の間の空間

2 現場監理

描いたものが形になる

数か月前の私が引いた線、選んだ素材、寸法。図面に描いたありとあらゆる情報が形になっていく。木造住宅もつくり方や素材が変わって、より早く、より簡単に施工できるようになったが、それでも建築はすべて一品生産。たくさんの手仕事によって形となっていく過程を確認していくのが、現場監理だ。若い頃は、実際に建ち上がっていくその姿を見て純粋に感動していたが、歳を重ねるごとに、自分が線を引いた、選択したという責任感の方が圧倒的に大きくなる。図面にしっかり描き込まなくても形になるような世の中だが、やはり描くことでしかつくれない建築もある。

建設会社・工務店
[現場監督]

工事全体を管理するのが施工会社。設計者は主に現場監督とやり取りすることになる。工事を段取りよく進め、現場を統括する役割がある。

木工事
[棟梁（大工）]

木材の墨付けから加工、取り付けなど、木工事をすべて実施する。現場で一番多く打合せをする工事であり、棟梁（大工）が現場を取り仕切ってくれる。

屋根工事
[屋根板金職人]

雨仕舞いで必要となる屋根工事は、上棟後速やかに実施される。屋根以外にも、外壁の水切りや雨がかり部分に板金を加工して取り付けてくれる。

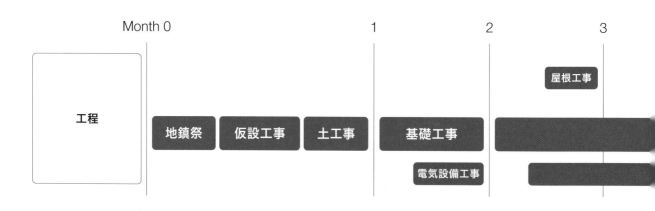

土工事・基礎工事
[土工職人、鉄筋職人、型枠大工]

掘削から基礎工事まで、建物の土台となる部分の工事。鉄筋、型枠、コンクリート業者が出入りするが、木造住宅の場合、複雑な基礎でない限り顔を合わせる機会が少ない。

電気設備工事
[電気工事職人、配管職人]

上棟後、大工の下地工事と並行して配線が工事が進められる。配線から照明器具の設置まで木工事と同じように工事期間が長く、現場で打合せることも多い。

設計者の武器は設計図書

いよいよ工事が始まる。施工を管理する建設会社（工務店）、**工種**別の多くの職人が自分の持ち場で力を発揮するのが現場である。そして、その力を引き出すのも設計者の指示次第。現場はとにかくコミュニケーションが重要で、職人も設計者もお互い言いたいことが遠慮なく言える関係づくりが大切。時に言い合いになることもあるが、それもお互い真剣だからこそ。同じゴールを目指して日々精進するのみ。そのゴールを共有する最大の武器は、間違いなく"設計図書（図面）"である。図面がビシッと描けていれば職人も迷いなく手を動かせるが、いい加減な図面だと現場も中途半端な仕事になってしまう。かといって、描きすぎも禁物。一番伝えたい部分が薄れ、優先順位に誤解が生まれてしまう。この塩梅は何年経っても難しい。

工種：工事の種類

家具工事
[家具職人]

内装工事がある程度進むと、現場で実測してから制作が始まるが、それまでに家具図で事前に打合せしておく。使い勝手もあるので、建主への確認も忘れずに。

左官工事
[左官職人]

左官工事は事前に塗りサンプルをつくってもらい、確認をしたうえで進める。下地から上塗りまで仕上げてくれ、材料と鏝の種類によって多種多様な仕上げがある。

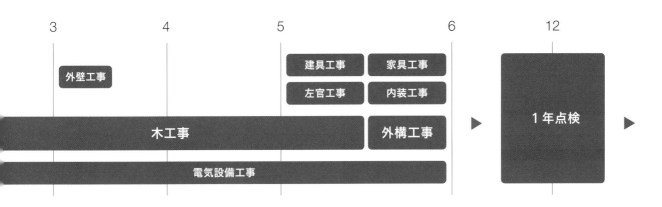

建具工事
[建具職人]

木工事で建具枠が取り付くと建具職人が現場で寸法を実測する。その後、工場で建具を製作して、工事終盤に建て付け調整をして取り付けられる。

内装工事
[内装職人]

業者の規模にもよるが、内装で使うクロスやロールスクリーンなどの仕上工事を施工、納品してくれる。簡単な塗装を手掛けてくれる場合もある。

外構工事
[庭職人、外構職人]

工事の最後になるのが外構工事。最後に住宅に庭という生命を吹き込んでくれる。季節や天候にも左右されるので、工期を配慮してあげたい。

「現場管理」と「現場監理」の違い

現場が動き出すと、設計者の仕事は図面作成から"現場監理"へと徐々に移行する。よく混同されるのが"現場管理"との違いである。「現場管理」は施工会社の責任で行われる。施工するための材料発注や工程計画、職人の手配などで現場を統括する。一方「現場監理」は設計事務所の責任で行われる。端的に言うと、図面どおり施工できているかを確認すること。工種ごとで段階的に現場検査をしたり、施工会社や職人の仕事を監督したり、工事が円滑かつ不備なく進むようチェックする。ただし、監理者だからといって偉そうにしていると現場は上手くまわらない。経験豊かな職人の仕事にはしっかり敬意を払いつつも、気心が知れた職人同士で馴れ合いが生じないよう、第三者の目でしっかり現場を見渡そう。

紙垂　注連縄　斉竹　神籬　酒　米　酒　塩　果物　魚　水　野菜　乾物　野菜　奉献酒　奉献酒　神饌案　斉鎌　玉串案　玉串　分譲地　盛砂　斎鍬　斎鋤

建主が当日までに用意するもの

玉串料	米1合	海の幸（魚・乾物）	山の幸（果物）	野の幸（野菜）
	酒1升	タイ　昆布（乾物）	リンゴ　オレンジ	トマト　キャベツ
	塩1合	ノリ（乾物）　スルメ（乾物）	バナナ　季節の果物	ニンジン　いも
		… etc	… etc	… etc
	水			＊地面の上と下にできる野菜

知っているようで知らない地鎮祭

地鎮祭はその名のごとく、土地の神様を鎮める儀式。建主や現場に関わる方々と一緒に土地を守る神様に土地を利用させてもらうために許しを得る。あわせて、竣工まで無事に工事が終えられるよう祈願する。さて、この土地を守る神様とはだれなのか？　これは建主によって異なる。これまで、神式と仏式は経験したが、ほかにもキリスト教式と様々なかたちがある。仏式では直前に数珠を忘れそうになったこともあり、いつもと違う場合は特に注意が必要だ。日本人の大多数は、土地の神様であれば神式の場合が多いが、事前に建主に確認してから準備を進める。設計者が気になるのは式での役割だろうか。私自身、初めての地鎮祭で「刈初の儀」という儀式の際、設計者は斎鎌だと思っていたら、まさかの斎鍬を渡されたことも。この時、地域によって役割が違うことを学んだ。

祭式の流れ

地鎮の儀（清祓の儀〜鍬入の儀）

手水	修祓（しゅばつ）	降神の儀	献饌（けんせん）	祝詞奏上	清祓の儀	苅初の儀	穿初の儀（うがちぞめ）	鎮物埋納	鍬入の儀	玉串奉奠	撤饌（てっせん）	昇進の儀
身を清める	穢れを祓う	神々をお迎え	お供えの儀式	祝詞を奏上	敷地のお祓い ○	斎鎌で草を苅る所作 ◇△	斎鋤で盛土を掘る所作 ◇○	掘った穴に埋納	斎鍬で土をすくう所作 ◇□	玉串を奉奠 ○△□	神饌をお下げする	神々のお帰し

* ○は建主、△は設計者、□は施工者が行うが地鎮の儀の役割は地域によって異なるので注意。
* ◇は大きな声で「エイ！エイ！エイ！」と3度行う。

神饌の備え方例（斎主による）

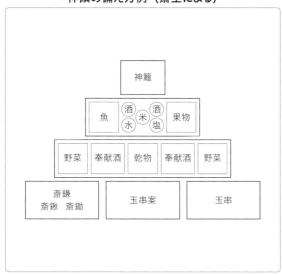

際場配置と参列者の席順

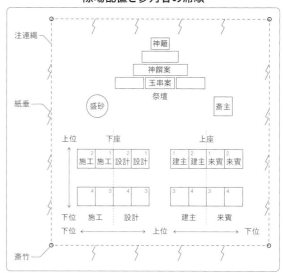

祭式計画書は必ずチェック

「地鎮祭は何を準備すればいいですか？」と建主に聞かれることは多い。設計者として事前に地鎮祭までの流れを把握しておこう。まず、施工会社と連携して祭式計画を立てる。暦を調べて祭式の日取りを決め、建主に確認したうえで、神社に依頼するかそれ以外かを確認する。施工会社の責任者が取りまとめてくれるが、祭式の規模によって追加費用が発生することもあるため、建主への連絡は設計者から丁寧に説明するのがよい。祭式計画の内容としては、建主、設計事務所、施工会社から参列する人数を確認して名簿を作成、建主に準備してもらうお供物、玉串料などがある。大切な祭式で間違いがないよう、設計者は必ず内容をチェックしてから建主へ伝えよう。特に参列者の氏名（漢字）間違いはよく起こるので、くれぐれも注意。

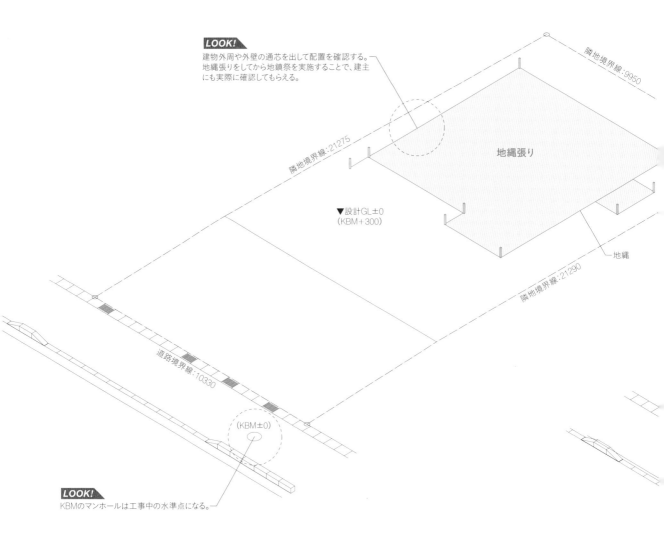

LOOK!
建物外周や外壁の通芯を出して配置を確認する。
地縄張りをしてから地鎮祭を実施することで、建主
にも実際に確認してもらえる。

隣地境界線：9950

隣地境界線：21275

地縄張り

▼設計GL±0
（KBM＋300）

地縄

隣地境界線：21290

道路境界線：10330

（KBM±0）

LOOK!
KBMのマンホールは工事中の水準点になる。

現場メモ ▶ **柱状改良工法（深層混合処理工法）**

工事前に実施する地盤調査の結果次第では
地盤改良が必要になることも。今回は柱状改
良工法で地盤を強化し、固い地盤である支持
層まで改良体を入れて補強する。地盤調査
会社や構造事務所と一緒に検討して決定す
る。

柱状改良工法（深層混合処理工法）：地盤内に土とセメ
ント系固化材を混合した柱状の改良体で地盤補強するこ
と。

改良体

左：柱状改良中、右：改良後

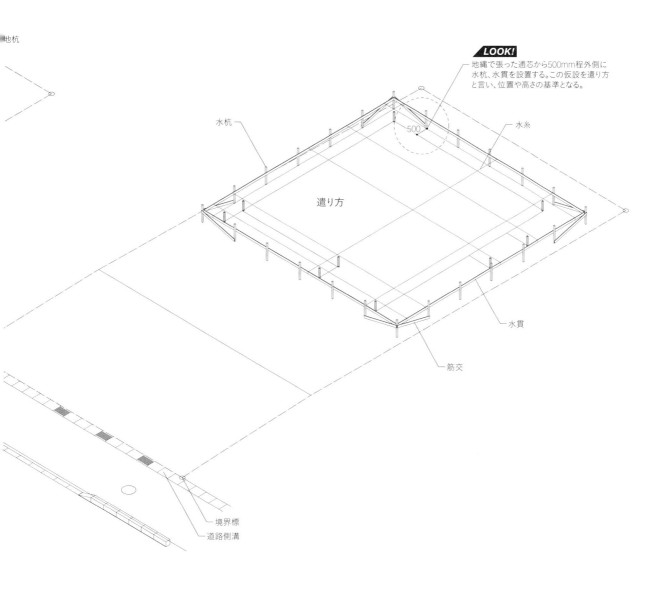

地杭

地縄で張った通芯から500mm程外側に水杭、水貫を設置する。この仮設を遣り方と言い、位置や高さの基準となる。

水杭

水糸

500

遣り方

水貫

筋交

境界標
道路側溝

スタートは設計者からの指示

仮設工事と聞くと、設計者はあまり関係のないフェーズと思われがちだが、それは大きな間違い。工事が始まる際の大切な指示が含まれる。それは、設計GLを決めること。まずは高さの基準となるKBM（仮のベンチマーク）を決めて、設計図を基に設計GLを決定する。このKBMは工事中の水準点になり、前面道路にあるマンホールの蓋や塀、**道路側溝**、**境界標**など動かない目印を基準にして2カ所決める。配置図や平図面にうっかり記載を忘れていて、地盤調査段階で「KBMはどこですか？」と業者からの確認連絡が入るなんてことも。この目印はすべての工事の基準となる。工事のスタートは設計者の設計GLとKBM決定から！と覚えておこう。

道路側溝：道路と敷地境界の間に設けられた、雨水を排水するための溝。
境界標：敷地境界を明示するための印。石、コンクリート、プラスチック杭、金属標がある。

11 土工事

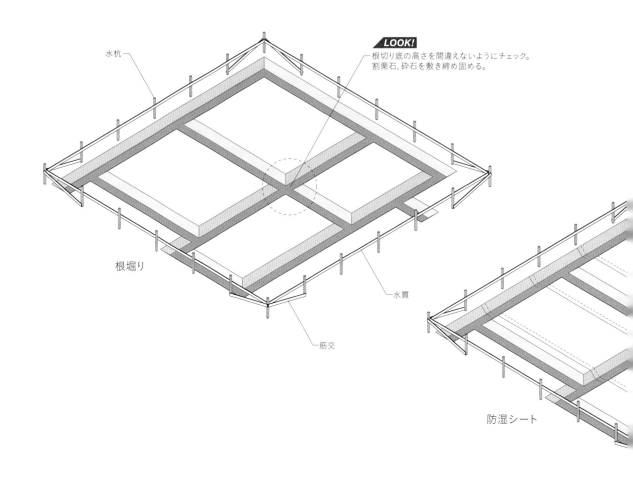

水杭

LOOK!
根切り底の高さを間違えないようにチェック。
割栗石、砕石を敷き締め固める。

根堀り

水貫

筋交

防湿シート

注意すべきは根切り底

土工事が始まると、いよいよ現場が一斉に動き出す。建物が載るところを掘削してもらい、基礎の**根入れ**となる部分を平滑に仕上げてもらう。この工事を根切りという。この時、**根切り底**の高さを間違えないよう注意する。次は地盤の締め固め。今回は一番下に**割栗石**を敷き、目詰めに砕石を使用している。敷き終わると**ランマー**や**コンパクター**を用いて締め固める。

捨てコン？

地面が締め固まった後に大切なのが**防湿処理**。地面からの湿度が室内に上がってこないように、プラスチック系の防湿シートを重ね代150mmで敷いていく。さらにその上に捨てコンクリートを打設する。通称"捨てコン"と呼ばれ、地面が平滑になることで作業効率が上がる。この上だと**通り芯**などの**墨出し**ができ、**配筋工事**でも**スペーサー**が配置しやすくなる。まさに"捨て身"的役割。

現場メモ 基礎打設前にする準備

地面をしっかり締め固めたら、湿度が上がってこないように防湿シートを敷く。その後に捨てコンクリートを施工すれば準備OK。この上に鉄筋を組み、基礎を打設という流れになる。

防湿シート

水糸　捨てコンクリート

左：砕石敷き　右：捨てコンクリート施工

LOOK!
防湿シート t=0.15を150mm重ねて敷き、捨てコンクリート t=50を打設する。

LOOK!
捨てコンクリートの上に、墨出しをする。図面で描く通り芯で基準となる。

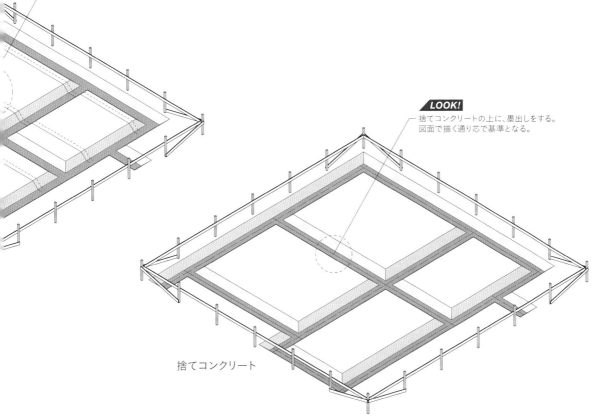

捨てコンクリート

根入れ：地中に埋設された基礎の部分。またその深さのことを根入れ深さという。

根切り底：土を掘削してできた底（水平面）。

割栗石：地盤を固めるために使う、岩石や玉石を割ってできた石（100〜200mm）。

ランマー：上下運動して地面を突いて締め固められる工具。

コンパクター：地面を転圧して平滑にする工具。

防湿処理：地面からの湿気が床下に入らないようにする対策。

通り芯：建物の基準となる実際に見えない線。木造の場合、柱の中心が通り芯になる。

墨出し：基準となる線をつけること。昔は墨壺から墨のついた糸を繰り出して線を引いたが、最近はレーザーが多い。

配筋工事：基礎工事の際、鉄筋を配置する工事。

スペーサー：鉄筋のかぶりを確保するための物。コンクリート製、プラスチック製などがある。

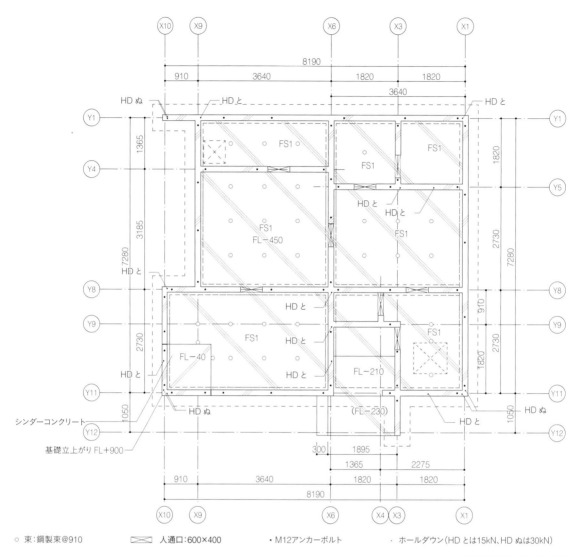

○ 束：鋼製束@910   ▷◁ 人通口：600×400   ・M12アンカーボルト   ・ホールダウン（HD とは15kN、HD ぬは30kN）

基礎伏図　S＝1:100

打設前に確認すべきこと

基礎工事は家の土台を支える最下部にあたる大切なところ。コンクリート打設前に、基礎レベルの確認や配筋検査を行う。**基礎伏図**や**基礎梁断面リスト**を基に、断面寸法、配筋、**かぶり厚さ**、鉄筋の**定着**及び**継手**長さなどを確認する。大切なのは現場チェック。現場が間違えて施工することもあるので、検査日は当日に修正できるよう、現場監督に職人を集めてもらおう。現場で一緒に検討しながらつくりあげる意識が大切である。

基礎伏図：基礎の配置や基礎梁とスラブの厚み、金物の位置を示した図面。
基礎梁断面リスト：基礎梁、スラブの断面形状と配筋が示したリスト。
かぶり厚さ：鉄筋が酸化しないために必要なコンクリートの被り厚さ。

ホールダウンやアンカーボルトは命綱

コンクリートを打設すると配筋は見えなくなるため、打設前に木造住宅の命綱でもある**ホールダウン**や**アンカーボルト**などの金物位置も確認する。ホールダウンは基礎と柱を、アンカーボルトは基礎と土台を緊結する役割がある。金物の数、位置を確認しないと、土台を敷いた時に上手く納まらない場合もある。鉄筋が見えている段階でなるべく多く写真を撮っておき、施工記録としてもしっかりまとめることが肝心。

定着：鉄筋がコンクリートから抜けないように入れ込む長さ。
継手：鉄筋同士を一本につなぎ合わせること。
ホールダウン：土台を介して基礎と柱脚を緊結する金物。
アンカーボルト：土台と基礎を緊結する金物。

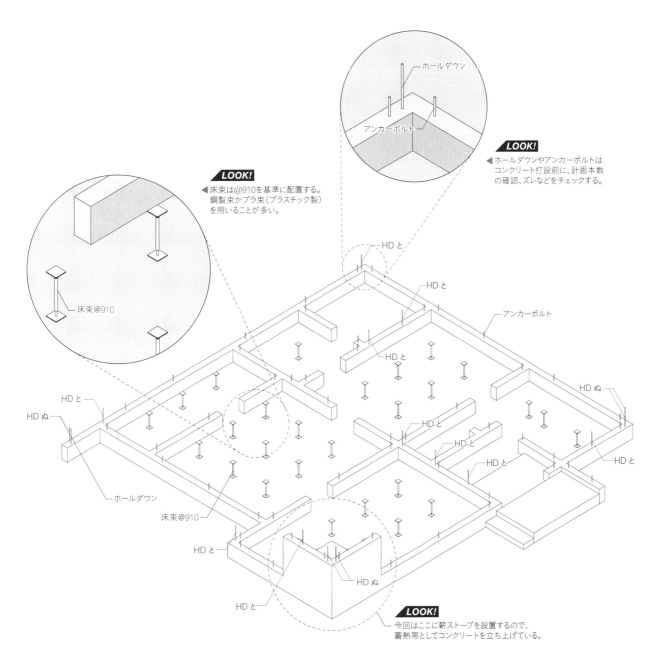

LOOK!
▶ホールダウンやアンカーボルトは
コンクリート打設前に、計画本数
の確認、ズレなどをチェックする。

ホールダウン
アンカーボルト

LOOK!
◀床束は@910を基準に配置する。
鋼製束かプラ束（プラスチック製）
を用いることが多い。

床束@910

HD と

HD と

アンカーボルト

HD ぬ

HD と

HD と

HD と

HD と

HD ぬ

HD と

HD と

ホールダウン

床束@910

HD と

HD ぬ

HD と

LOOK!
今回はここに薪ストーブを設置するので、
蓄熱帯としてコンクリートを立ち上げている。

現場メモ ▶ **コンクリートの中身**

コンクリートはセメントと水と骨材で
構成されている。骨材には、細骨
材（砂）と粗骨材（砂利）が入ってお
り、近くのコンクリートプラントから運
ばれてくる。価格は地域によって異
なり、プラント数や距離によって差が
ある。

脱型：コンクリート硬化養生後に型枠を外すこ
と。

アンカーボルト

ホールダウン

左：コンクリート打設中　右：**脱型**後

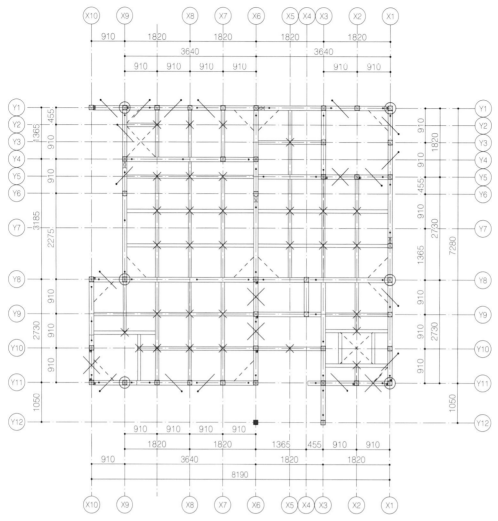

⊠ 管柱：ヒノキ一等 120角　　═ 土台：ヒノキ一等 120×105　　--- 火打：ベイマツ 105角　　／上 筋交シングル：ベイマツ 45×90

◎ 通し柱：ヒノキ一等 120角　　═ 大引：ヒノキ一等 90角　　・ M12アンカーボルト　　✕ 筋交ダブル：ベイマツ 45×90

■ 化粧柱：ヒノキ上小節 105角　　✕ 鋼製束を示す　　・ ホールダウン

1F床伏図　S＝1:100

土台から棟上げまでは1日仕事

木工事の構成部材を下から順に説明していく。通常、土台から棟上げまでは1日仕事で一気に建てられる。これが"上棟"と呼ばれ、棟が上がり雨仕舞いをしてから夕刻頃に上棟式が執り行われる。棟上げは緊張感があり、設計者は近づくこともできず、ただ見ていることしかできない。まず土台敷きから説明する。最近では棟上げ前日に土台敷きまで終えていることがほとんど。基礎工事を終えると、基礎パッキンと呼ばれる床下通気部材を敷き、その上に土台となる木材を敷く。地面と近いことから一般流通材であるヒノキ材105角（3.5寸角）もしくは120角（4寸角）を用いることが多い。なぜこの寸法なのか？　それは、丸太径約300mmを基準にすれば柱、梁材の**木取り**で最も適した寸法が105 〜 240mmだからである。

木取り：丸太から製材する際、用途に応じた形状に加工すること。
一等（一ト）：JAS（日本農林規格）で定められている材料の品質。

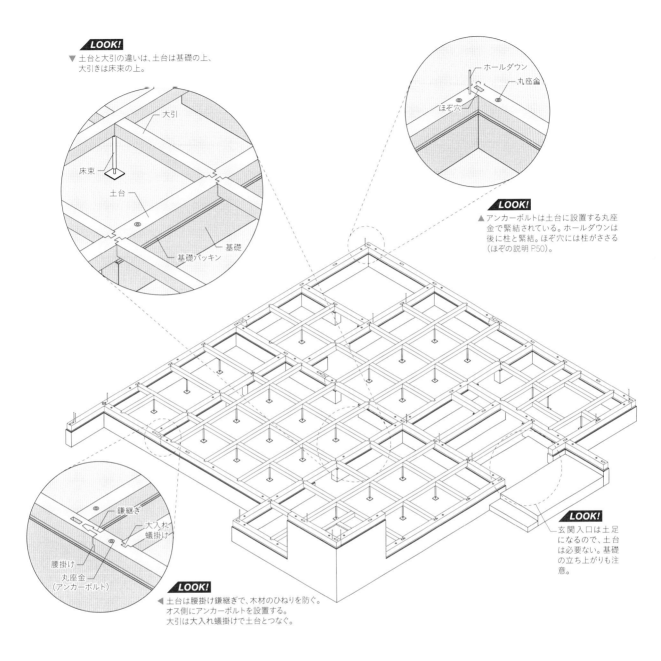

LOOK!

▼ 土台と大引の違いは、土台は基礎の上、大引きは床束の上。

大引

床束

土台

基礎

基礎パッキン

ホールダウン

丸座金

ほぞ穴

LOOK!

▲ アンカーボルトは土台に設置する丸座金で緊結されている。ホールダウンは後に柱と緊結。ほぞ穴には柱がささる（ほぞの説明 P50）。

鎌継ぎ

大入れ蟻掛け

腰掛け

丸座金（アンカーボルト）

LOOK!

◀ 土台は腰掛け鎌継ぎで、木材のひねりを防ぐ。オス側にアンカーボルトを設置する。大引は大入れ蟻掛けで土台とつなぐ。

LOOK!

玄関入口は土足になるので、土台は必要ない。基礎の立ち上がりも注意。

土台と大引の違い

この二つの部材について簡単に説明するならば、土台の下には基礎があり、大引の下には基礎がないということ。もう少し詳しく説明すると、荷重が土台から基礎へ流れるのに対して、大引はあくまでも床を支えているだけである。土台と土台の間に渡される部材であり、910mmピッチで並ぶことが多い。目立たないが、なくてはならない部材である。では大引の下には何があるのか？その下で**床束**が大引を支えている。近年の床束は木材以外にも、金属製の鋼製束やプラスチック製のプラ束もよく使われる。

床束：大引を支える束材。
腰掛け鎌継ぎ：男木を受け支えるために腰掛けを設けた鎌継ぎであり、横架材の継手として用いられる。
大入れ蟻掛け：女木である横架材に蟻ほぞをあけ、蟻加工された男木を大入れする仕口

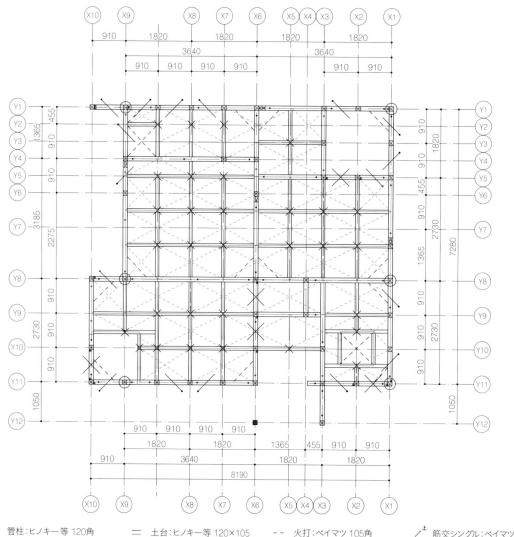

凡例:
- ⊠ 管柱:ヒノキー等 120角
- ⊠ 通し柱:ヒノキー等 120角
- ■ 化粧柱:ヒノキ上小節 105角
- = 土台:ヒノキー等 120×105
- ≡ 大引:ヒノキー等 90角
- × 鋼製束を示す
- -- 火打:ベイマツ 105角
- ・ M12アンカーボルト
- ・ ホールダウン
- ╱ᐟ 筋交シングル:ベイマツ 45×90
- ╳ 筋交ダブル:ベイマツ 45×90
- ⊏⊐ 構造用合板 t=24

1F床伏図　S=1:100

剛床工法でハッピー?

どの現場の職人も「床の工法が変わって仕事が早くなった」と口を揃えて言う。それが、施工時間を大幅に短縮した剛床工法。剛床工法とは、**構造用合板**(24mm以上)を直接土台や大引に打ち付けて、素早く床下地をつくれる工法である。この工法ができるまでは、**根太**という角材を303mmピッチで施工する根太工法が主流だった。ただし一本一本施工するため、時間とコストがかかる。素早く床ができることは職人にとって革命的な出来事であり、仕事の効率化は設計者にももちろんありがたい。構造上も水平構面が強くなり、建主においても嬉しい進化である。

構造用合板:構造上重要な部分に使用する JAS 規格(日本農林規格)に規定された合板。
合板:単板を繊維方向に 1 枚ずつ直交するように互い違いに重ねて貼り合わせた製品。
根太:土台や大引の上に直交方向に架け渡される床材を支える材料。

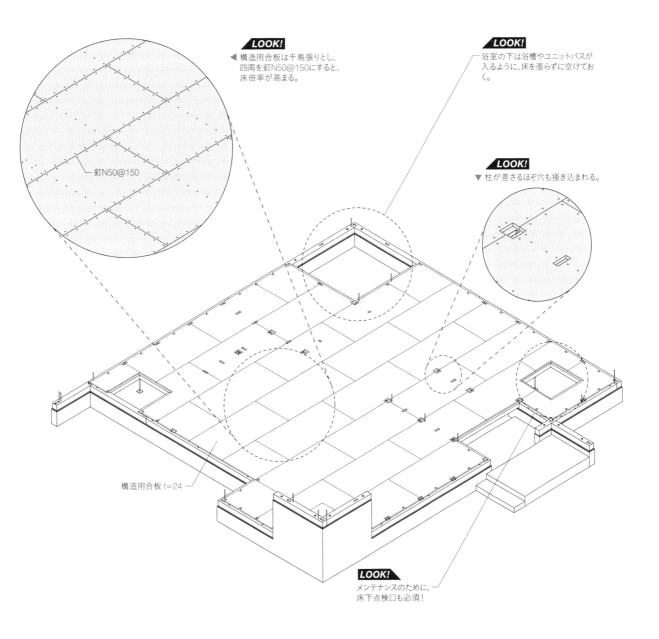

LOOK!

◀ 構造用合板は千鳥張りとし、四周を釘N50@150にすると、床倍率が高まる。

釘N50@150

LOOK!

─ 浴室の下は浴槽やユニットバスが入るように、床を張らずに空けておく。

LOOK!

▼ 柱が差さるほぞ穴も掻き込まれる。

構造用合板 t=24

LOOK!

メンテナンスのために、床下点検口も必須！

根太工法も黙っちゃいない

剛床工法が良いのだ！と言うと、根太工法派から反感を買うかもしれない。実は私も根太工法好きなので、ここでしっかり説明しておきたい。根太工法では、土台や大引の上に根太という下地材を直交方向に架け渡して下地をつくる。この工法のメリットは、根太の厚み分（例えば45mm角）の高さ方向に隙間ができること。この隙間を利用すると、床下地に穴を開けることなく電気配線や配管ルートが確保でき、材料の欠損を減らすことができる。根太の上に構造用合板12mmを打ち付ければ、水平面の強度も確保できる。剛床工法と根太工法は、どちらが良いかではなく一長一短。設計者が工期や構造など、全体のバランスをみて選択すべきである。

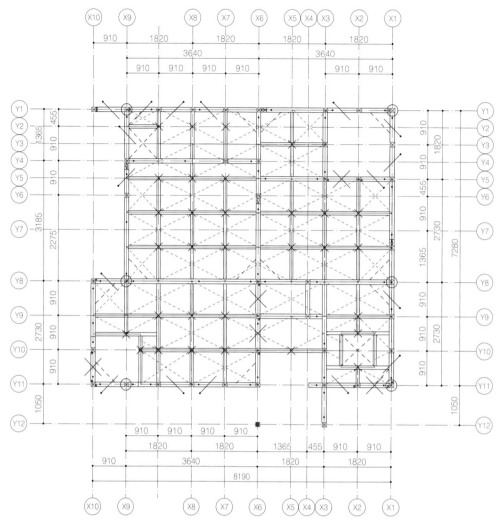

凶 管柱：ヒノキー等 120角　　＝ 土台：ヒノキー等 120×105　　－－ 火打：ベイマツ 105角　　✎上 筋交シングル：ベイマツ 45×90

◎ 通し柱：ヒノキー等 120角　　＝ 大引：ヒノキー等 90角　　　　・ M12アンカーボルト　　　　　✕ 筋交ダブル：ベイマツ 45×90

■ 化粧柱：ヒノキ上小節 105角　　× 鋼製束を示す　　　　　　　・ ホールダウン　　　　　　　　◁▷ 構造用合板 t=24

1F床伏図　S＝1:100

柱の種類と材料

2階建ての場合、柱は土台から最上部の桁や小屋梁まで届く通し柱と、1、2階の各階だけで終わる管柱に分けられる（p.57参照）。伏図ではそれらを区別するために、通し柱は○で囲んで表記する。柱には常に圧縮力がかかるため、圧縮に強いヒノキ材を用いることが多いが、平屋のように荷重がかからない規模であれば、スギ材でも良い。柱断面は、**座屈**しにくいように**有効細長比**を確認する必要がある。

柱の組み方

柱は土台や梁などの横架材にどう接続されるのか？　柱の小口に"ほぞ"と呼ばれる加工をし、横架材に空けられた"ほぞ穴"に差し込んで組み合わせる。ただし、これだけでは不十分。地震力は水平方向からの力が加えられるため、柱には圧縮力と引張力の両方がかかる。この引き抜きに耐えられるように金物でしっかりと緊結する必要がある。

座屈：部材に圧力が加わった時、急激に変形してたわみが生じること。
有効細長比：断面の最小二次半径に対する座屈比の長さの比。木造は 150mm 以下。

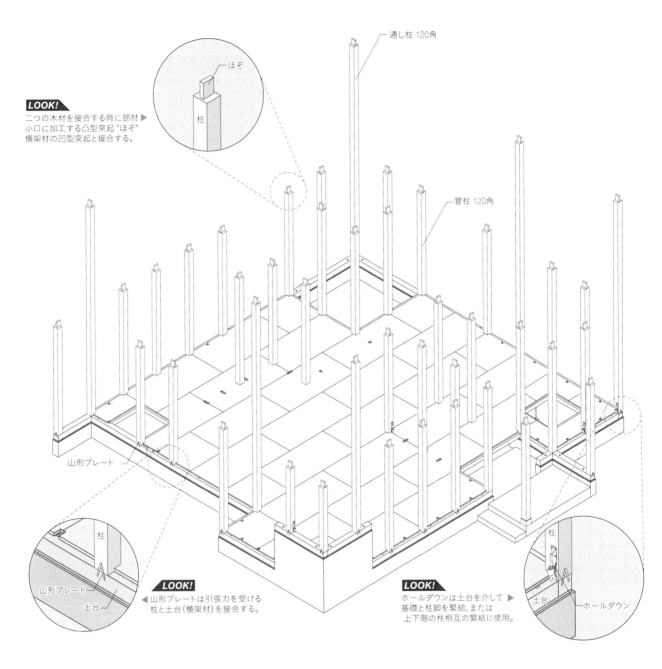

LOOK!
二つの木材を接合する時に部材▶
小口に加工する凸型突起 "ほぞ"
横架材の凹型突起と接合する。

ほぞ

柱

通し柱 120角

管柱 120角

山形プレート

山形プレート
柱
土台

LOOK!
山形プレートは引張力を受ける
柱と土台(横架材)を接合する。

LOOK!
ホールダウンは土台を介して▶
基礎と柱脚を緊結、または
上下階の柱相互の緊結に使用。

柱
土台
ホールダウン

現場メモ **土台まわりの構造部材**

下から基礎、基礎パッキン、
土台、そして柱が建つ。基礎
パッキンとは基礎と土台を絶
縁し、床下通気材(防鼠材)
の役割を果たす緩衝材のこ
と。図中の柱にある裂け目
は "背割り" という。柱は強
度のある**芯持ち材**を使い、
木材の乾燥収縮による**干割
れ**を防ぐために "背割れ" を
入れる。

背割り
柱
土台
基礎パッキン
基礎

現場メモ **仮筋交い**

柱や横架材は金物で
緊結するが、金物を取り
付ける前に仮筋交いを
使って土台、柱、梁を固
定する。現場で見かけ
る大きな筋交いは実は
仮のもの。職人が安全
に作業するために必要
なもので、金物や耐力壁
が取り付くと外される。

固定
仮筋交い
固定

芯持ち材:丸太の芯(中心)をもつ木材。赤身で腐りにくい。
干割れ:木材が乾燥して割れたり、裂けたりすること。

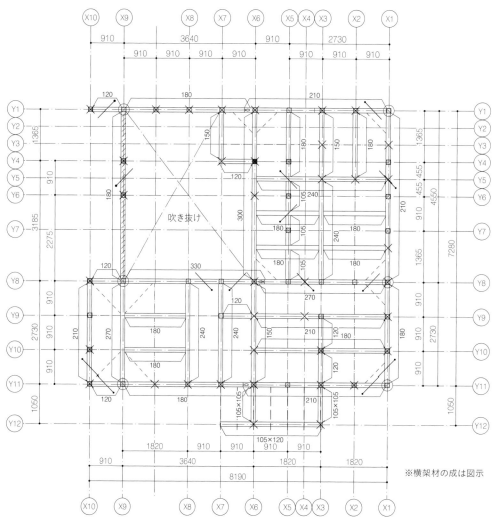

2F床伏図　S＝1:100

	管柱：ヒノキ一等 120角	≡ 横架材：ベイマツ W120	- - 垂木：ベイマツー等45×90@455	／├ 筋交シングル：ベイマツ 45×90
	通し柱：ヒノキー等 120角	▨ 化粧横架材：ベイマツ W120	- - 火打：ベイマツ 105角	✕ 筋交ダブル：ベイマツ 45×90
■	化粧柱：ヒノキ上小節 120角	-・- 小梁：ベイマツー等 90角	✕ 1F管柱を示す	⟩-⟨ 構造用合板　t=24

マツ材の良し悪し

2階の横架材は荷重に耐えられる粘り気のある材料が好ましく、代表例としてマツ材が挙げられる。材料に粘りがあり、上部の横架材として大活躍してくれる。しかし、マツヤニが出てくるのが欠点。このヤニが粘りを発揮してくれているのだが触るとネチャネチャするので多くの場合嫌われてしまう。

数年すればヤニが出なくなることもあるが、こればかりは自然材料なので致し方なし。化粧材として見せないのであれば、ヤニを気にすることもなくマツ材を使用できるが、気になるならスギ材やヒノキ材を用いる。スギ材の場合は少し強度が落ちるので、横架材の成が大きくなることをお忘れなく。

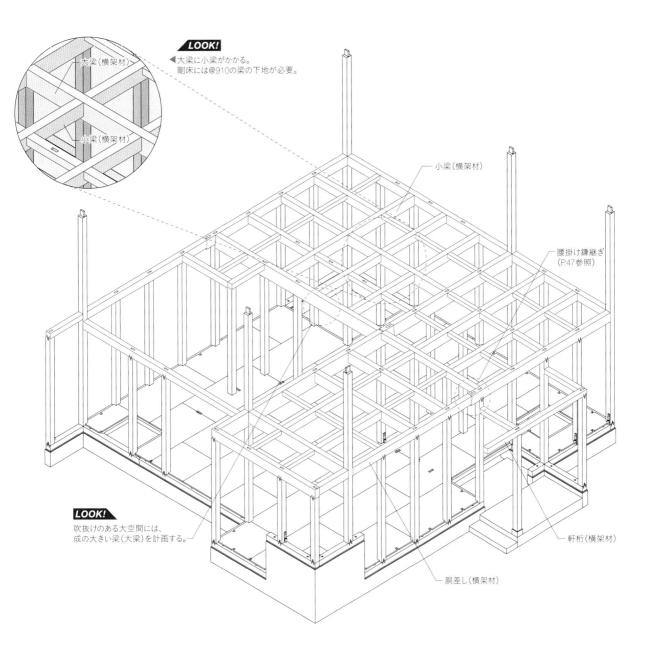

LOOK!
◀ 大梁に小梁がかかる。
剛床には@910の梁の下地が必要。

大梁（横架材）

小梁（横架材）

小梁（横架材）

腰掛け鎌継ぎ
（P.47参照）

LOOK!
吹抜けのある大空間には、
成の大きい梁（大梁）を計画する。

胴差し（横架材）

軒桁（横架材）

ドウザシってなに？

構造を考える時はまず柱と梁を考えるように、と習った。ところが実際に実務で"胴差し"という言葉を聞いた時、何のことだかさっぱりわからなかった。頭の中で「ドウザシ?」と聞き慣れない言葉が巡り、建築用語辞典を開いたものだ。2階建ての場合、2階の床梁を受け、通し柱の側面（胴）にも差さ

る横架材の一つで、構造的に上下階を強固に接続して建物の胴を固める役割をもつ。さらに、この胴差しには1階の管柱や2階の管柱も固定される。文字どおり"建物の胴をサス!"とイメージして覚えよう。

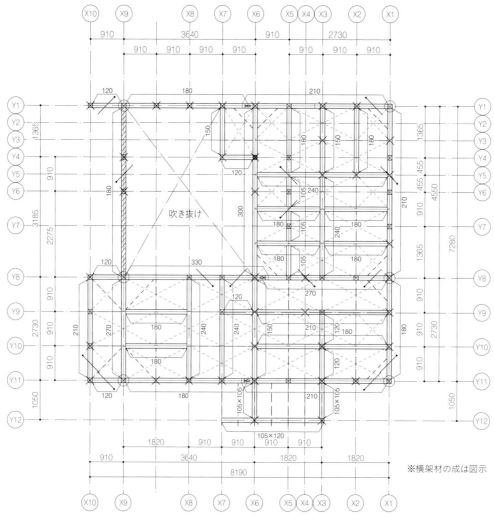

2F床伏図　S=1:100

凡例:
- ⊠ 管柱：ヒノキー等120角
- ⊠ 通し柱：ヒノキー等120角
- ■ 化粧柱：ヒノキ上小節120角
- ═ 横架材：ベイマツ W120
- ▨ 化粧横架材：ベイマツ W120
- ╌ 小梁：ベイマツー等90角
- -- 垂木：ベイマツー等45×90@455
- -- 火打：ベイマツ105角
- × 1F管柱を示す
- ╱ 筋交シングル：ベイマツ45×90
- ╳ 筋交ダブル：ベイマツ45×90
- ⋈ 構造用合板　t=24

※横架材の成は図示

剛床工法なら配線ルートを計画

2階の床下地についても1階と同じように、剛床工法と根太工法どちらを採用してもよい。今回は2階も剛床工法を採用している。構造用合板24mmを千鳥張り（p.49参照）にして、四周はN50の釘を150mmピッチで胴差しや梁に打ち付けていく。2階の床が素早く完成することで上棟に向けての作業効率も上がる。なぜなら、上部の横架材や屋根に必要な構造材を2階床に仮置きすることができ、次の作業の準備ができるからだ。合板と横架材が隙間なくピッタリくっつくと、床下懐を通す工事ができなくなってしまうので、設備の配線ルートは図面上で事前に指示して施工漏れを防ごう。

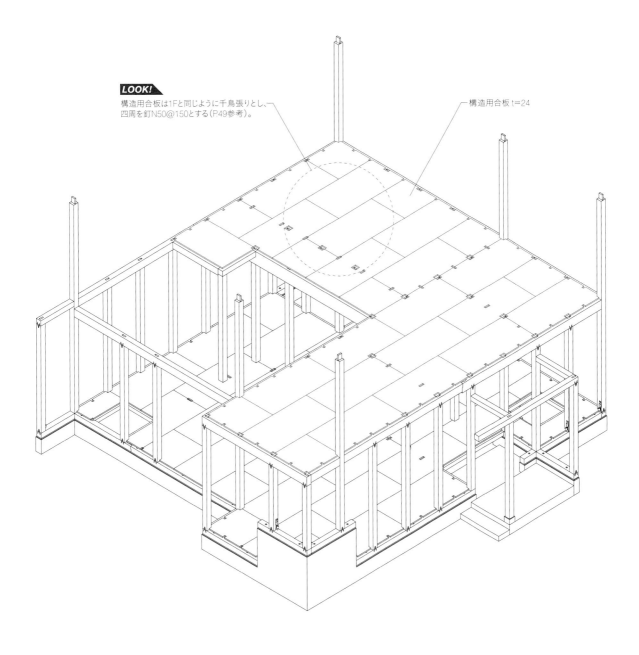

LOOK!
構造用合板は1Fと同じように千鳥張りとし、
四周を釘N50@150とする（P.49参考）。

構造用合板 t=24

千鳥張りにする理由

構造用合板はなぜ千鳥張りにするのか。合板をわざわざ半分ずらして張るのは面倒臭いと思われがちだが、ジグザグに張っている理由は継目を揃えないため。継目が揃っていると、地震などで水平方向に力が加わった時に弱点となる継目部分に力が流れて歪んでしまう。半分ずらすことで揺れが伝わりにくくなり、力が分散される。水平構面を強固にするために千鳥張りにするのが基本である。これは床下地だけでなく、天井下地も同様。理由は同じ、左官や塗装で仕上げた時に仕上げ材が割れないように配慮するためである。

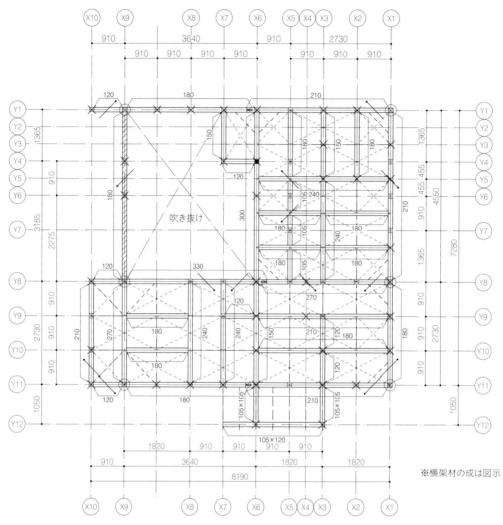

吹き抜け

※横架材の成は図示

2F床伏図　S＝1:100

▣	管柱：ヒノキー等 120角	═	横架材：ベイマツ W120	‐‐	垂木：ベイマツー等 45×90@455	╱⊥ 筋交シングル：ベイマツ 45×90
▨	通し柱：ヒノキー等 120角	▨▨	化粧横架材：ベイマツ W120	‐‐	火打：ベイマツ 105角	✕ 筋交ダブル：ベイマツ 45×90
■	化粧柱：ヒノキ上小節 120角	‐・‐	小梁：ベイマツー等 90角	×	1F管柱を示す	▭◁ 構造用合板　t＝24

1階と2階の柱位置

伏図を見ると2階の柱と同じ位置に×が表記されているのがわかるだろうか。これは1階の柱の位置を示している。伏図を描く時は必ず1階の柱の位置を確認し、その上部の2階に管柱を計画するのが理想。しかし、設計の中で上手く重ならないこともある。ズレてしまう場合は、梁を大きくする、掛け方を変えるなどして、構造がしっかり成り立つように検討する。

ほぞの向きと横架材の関係

1階の柱の説明をした時に気になった人もいるかもしれないが、柱のほぞの向きは接合される横架材の向きとも関係する。横架材には水平方向の力が加わるので、それに対応できるよう、ほぞの向きは横架材と平行になる。**プレカット工法**が主流になり、プレカット図をチェックする時にはすでに決定していることではあるが、設計者ならなぜこの向きになっているのかも知っておきたい。

プレカット工法：木材の加工を現場でなく工場であらかじめ機械加工すること。

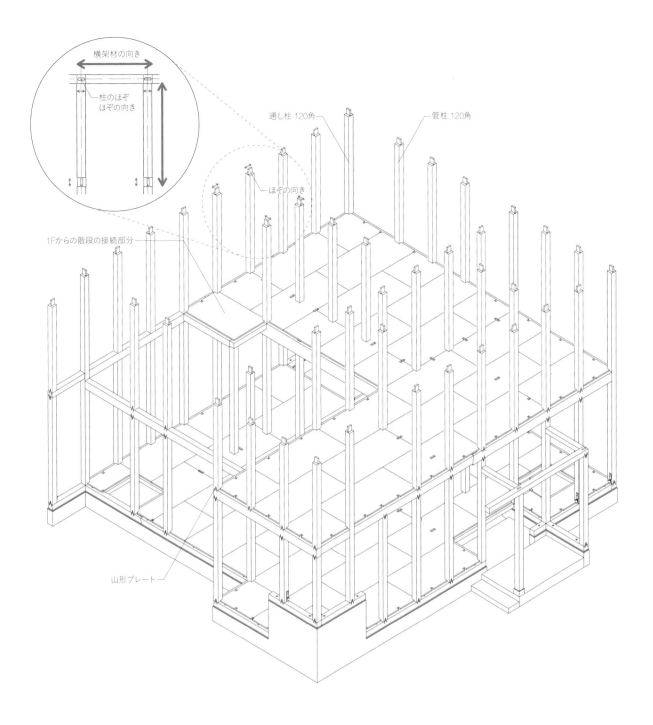

横架材の向き

柱のほぞ
ほぞの向き

通し柱 120角

管柱 120角

ほぞの向き

1Fからの階段の接続部分

山形プレート

現場メモ **軸組を確認する**

棟上げが始まる前に建物の周りには足場が組まれる。朝早くから作業が始まると、職人たちが軽やかに足場を行き来する。写真は棟上最中のもの。上棟し、雨仕舞いが終わるとメッシュシートがかかってしまうので、軸組が拝める貴重なタイミングを逃さずに。

現場メモ **メッシュシート**

ついでにメッシュシートの役割を説明しよう。写真では足場に束ねられているが、上棟後、建物全体がシートで覆われる。シートの役割は、通気性を確保しつつ落下防止、砂塵の飛散防止、足場の風圧による負担を軽減などが挙げられる。防犯面でも安心感が得られる。

メッシュシート

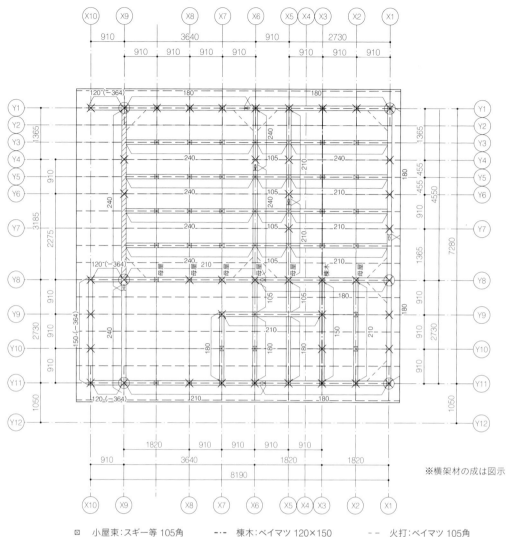

記号	名称	記号	名称	記号	名称
⊠	小屋束：スギー等 105角	-··-	棟木：ベイマツ 120×150	--	火打：ベイマツ 105角
=	横架材：ベイマツ W120	-··-	母屋：ベイマツ 105角	×	2F管柱を示す
▨	化粧横架材：ベイマツ W120	--	垂木：ベイマツ 45×90 @455	⊡	構造用合板 t=24

※横架材の成は図示

小屋伏図　S=1:100

梁間方向と桁行方向

横架材は大きく2種類に分類される。まずは切妻屋根の建物を思い浮かべてもらいたい。梁間方向は妻側といい、建物の三角壁が見える方向。桁行方向は平側といい、屋根が見える方向である。三角屋根の底辺として建物を支える「梁」が架かる辺を梁間方向、梁と梁をつなぐ「桁」によって空間の奥行を伸ばした辺を桁行方向と呼ぶ。桁行方向の部材を見ていくと、軒の部分にある桁を軒桁といい、屋根勾配が上がるに従って桁から母屋、棟木と名称が変わる。棟上げとは言葉どおり、家の頂部に棟木が取り付けられることを指す。

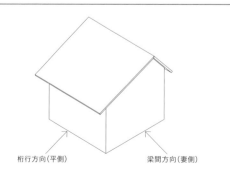

桁行方向(平側)　　　梁間方向(妻側)

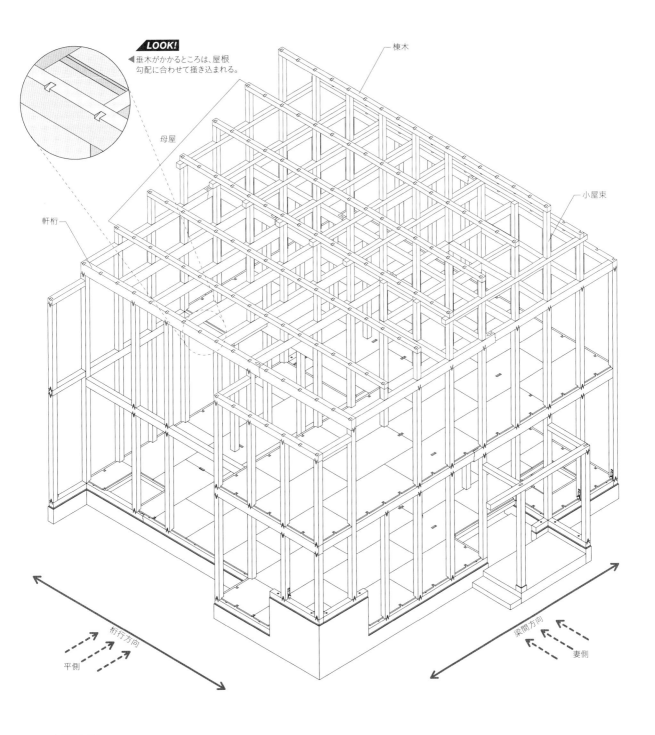

LOOK!

◀垂木がかかるところは、屋根勾配に合わせて掻き込まれる。

母屋

棟木

小屋束

軒桁

桁行方向

平側

梁間方向

妻側

母屋も桁

軒桁も母屋も棟木も、大きく分類すると同じ「桁」である（母屋は母屋桁ともいう）。桁は柱や束の上に据えられる横架材のこと。桁行方向の軒桁と棟木との間にあるものを母屋と呼ぶが、役割から考えると別ものであることが理解できる。軒桁は柱の上に据えられ、梁を受けている部材。母屋は柱の上でなく、束の上（あるいは登り梁の上）に据えられる。棟木

も同じ役割であるが、やはりトップは別格なのか、棟木という名称が与えられている。この後、屋根の構造である垂木が架けられる。

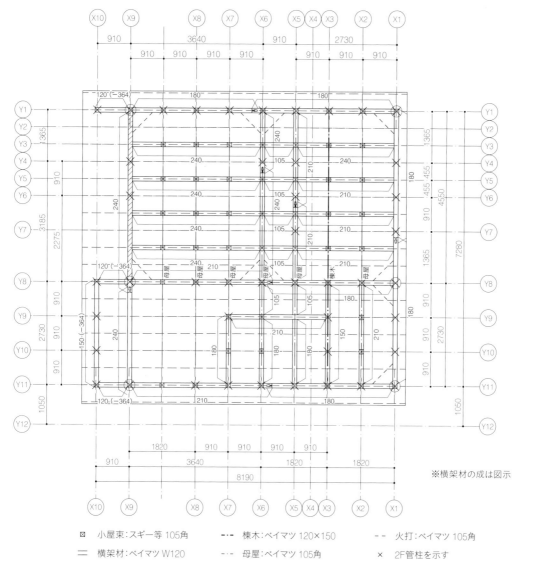

小屋伏図　S=1:100

凡例:
- ⊠　小屋束:スギー等 105角
- 〓　横架材:ベイマツ W120
- ▨　化粧横架材:ベイマツ W120
- ‒‒‒　棟木:ベイマツ 120×150
- ‒‒‒　母屋:ベイマツ 105角
- ‒‒‒　垂木:ベイマツ 45×90 @455
- ‒‒　火打:ベイマツ 105角
- ×　2F管柱を示す
- ▭　構造用合板　t=24

※横架材の成は図示

垂木の成は母屋ピッチによる

垂木は屋根を支える大切な構造。垂木の成は母屋のピッチによって変わってくる。この住宅は母屋を910mmピッチにしているので、ベイマツ45×90mmの垂木を455mmピッチで配置している。垂木は軒桁や母屋、棟木にしっかり打ち付ける。今回は〈タルキック〉いう長いビスで固定。先の話になるが、垂木の上には水平面を固めるために構造用合板やス

ギの荒板などを打ち付ける。さらにその上に屋根材である〈ガルバリウム鋼板〉（p.76参照）が付く。垂木のピッチは鋼板の端部に合わせてしっかり打ち付けられるよう、この時点で両部材の割付を確認し、調整しておく。

破風板:切妻や入母屋屋根の妻側に取り付けられる板材。棟木、母屋、軒桁の木口から侵入する雨水を保護し、強風から屋根を守る。
鼻隠し:垂木先端の木口に取り付ける板材。雨水の浸入を防ぎ、水平方向に材料を繋ぐことで強度も増す。

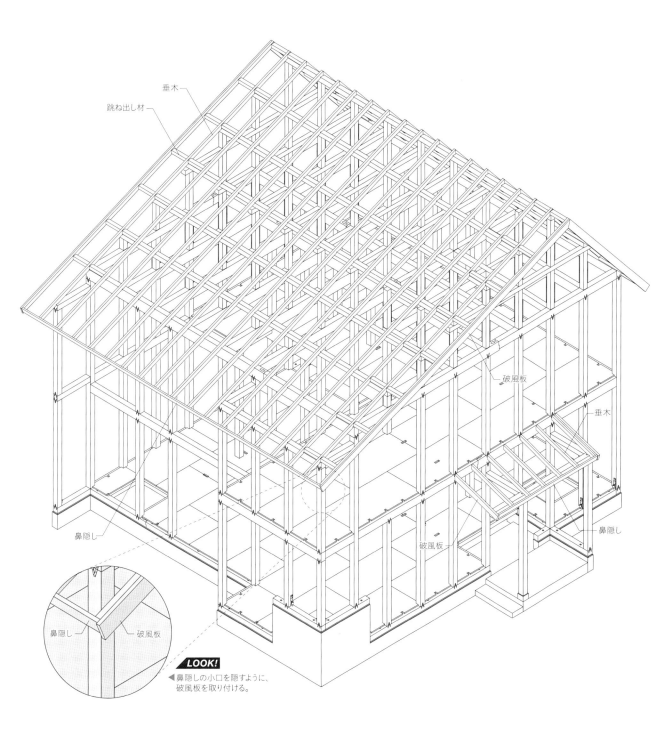

垂木

跳ね出し材

破風板

垂木

鼻隠し

破風板

鼻隠し

LOOK!
◀ 鼻隠しの小口を隠すように、
破風板を取り付ける。

鼻隠し　破風板

現場メモ **建主と現場見学：軸組を確認する**

垂木が掛かれば、軒先の長さも確認でき、軸組の骨格がすべてわかる。建ち姿が現れるこの時期に、設計者として「ああ良いかたちだ」と再認識できたらひと安心。タイミングとしては建主への現場案内もおすすめ。建主が現場見学に来る日は、設計者として構造や材料の説明、今何をしているのかを解説することが多い。図面ではわからないことを、実物を見ながら建主にも学んでもらう。しっかり説明できると建物への信頼にもつながる。皆さん忙しくてこんな機会も減って来ているのが実情だが。

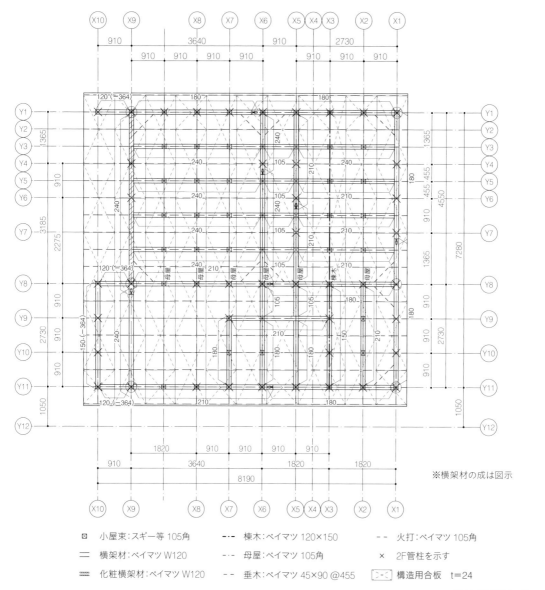

小屋束：スギー等 105角 　　─ ‥ ─ 棟木：ベイマツ 120×150 　　─ ─ 火打：ベイマツ 105角

━━ 横架材：ベイマツ W120 　　─ ‥ ─ 母屋：ベイマツ 105角 　　× 2F管柱を示す

▨ 化粧横架材：ベイマツ W120 　　─ ─ 垂木：ベイマツ 45×90 @455 　　構造用合板　t=24

※横架材の成は図示

2F小屋伏図　S=1:100

上棟日はここまで進めたい!

野地とは屋根の下地材のこと。床下地の時と同じように水平構面を固める。軒先から棟に向かって構造用合板12mmを千鳥張りにして、四周をN50の釘150mmピッチで垂木にしっかり打ち付ける。さて、工務店側には上棟日のうちに屋根下地まで終えておきたい理由がある。規模によるが木造

2階建であれば、常時2人ほどの大工が現場に入るが、棟上げの日だけは棟梁が応援を呼び、仲間の大工7、8人が集まる。段取りよく工事を進められるこの日に野地まで終え、次の防水工事をスムーズに進められるようにしておきたい。

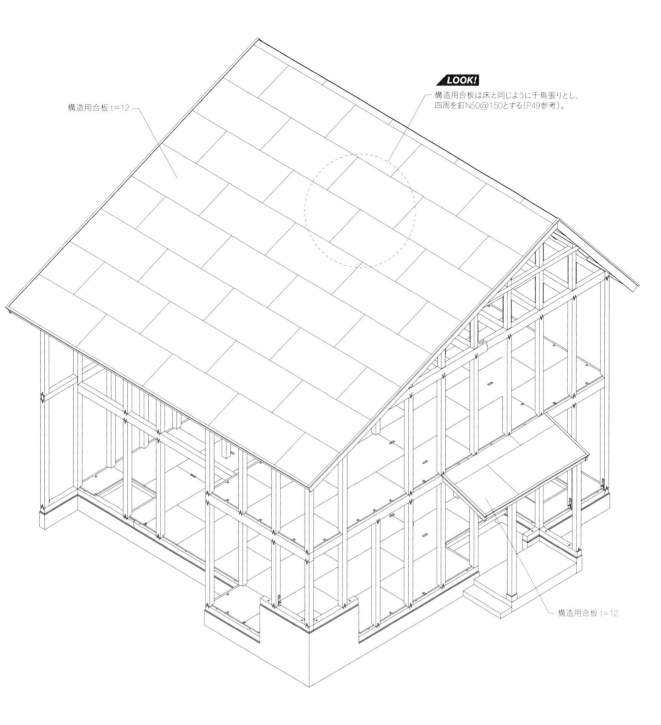

構造用合板 t=12

LOOK!
構造用合板は床と同じように千鳥張りとし、
四周を釘N50@150とする（P49参考）。

構造用合板 t=12

現場メモ ▶ **架構の美しさ**

野地が張られる前の軸組は架構だけの純粋な空間で、上棟
後のほんの一瞬しか見られないがこの時にしか味わえない
迫力がある。ちょうど大工さんが少し休憩している隙を狙っ
て、現場へ侵入して一枚撮影。架構の美しさと力強さ、両方
を感じることができる。

column 餅のはなし

　設計は、実現できなければ "絵に描いた餅" だ。絵に描いた餅とはその言葉のとおり、どんなに美味しそうに描けていても所詮は絵であり食べることができない、腹を満たすのに役立たない、という意味のことわざだ。食べてみたい餅を描くだけでは、設計者としては役不足。工期や予算、さまざまな理由で建設が危ぶまれ、本当に絵に描いた餅になってしまわないよう、コスト管理や人員配置、予算交渉など、あらゆる目配せを怠ってはいけない。

　また、現場経験が少ないうちは、自分が良いと確信した設計案を模型やパースでアウトプットした結果、頭の中で思い描いた魅力的な空間とは程遠いことも少なくないだろう。あるいは、少し時間をおいて冷静になってみると、設計案自体が思っていたほど良い案ではないと気付くことも、よくあるのではないだろうか。机の上の思考と、実際に身を置いてみた空間での感覚。この感覚のズレは一朝一夕には埋まらないもの。でも、机と現場を行き来するなかで生じた違和感から目をそらさず、粘り強くそのズレを埋め合わせていけることが、設計者が設計者たる所以だと思う。

　もう一つ、建築と餅の関係といえば、ご存知のとおり棟上げで屋根から餅をまく「散餅銭の儀」。いわゆる "餅投げ" である。昔は、家を建てることは地域での祭りごとであり、地域の人たちに手伝ってもらうことから、皆で餅をまいて棟上げを祝ったという。はじめに四方に大きな餅をまき、それから餅まきが始まる。私も何度か参加したことがあるが、現代では餅以外にもお菓子やパンなどがまかれて、実に楽しいイベントである。地域によって多少異なることもあるが、神事として厄祓を目的に行われる点は同じであり、これからも継承していきたい文化である。

　さて、餅の話もそろそろ終わりにしよう。私はいつも自分が食べたいと思う餅を描きたいと思っている。実際に私が食べる、つまり住むことはないのだが、描いている私が食べたいと思わないものを人には勧められない。どの産地の餅米で、いつ精米し、だれと餅つきをして、その餅をどう調理するのか。書いているとお腹が空いてきたが、要するに設計とは、建主が食べてみたいと思える絵を描くのも、餅米を調達して実際に餅をつくのも、それをどう味わうのかも、それらの工程すべてにまたがる仕事なのだ。餅は餅屋。餅屋として考え尽くした絵を描きたい。

建築概要

用途	一戸建て住宅
敷地面積	216.04㎡
延床面積	105.99㎡
建築面積	59.21㎡
建坪率	27.43%（70%）
容積率	49.09%（200%）

主要仕上げ

屋根	ガルバリウム鋼板
外壁	焼スギ板小節本実板張り
内壁	珪藻土塗り
床	ラーチフローリング

業者リスト

施工会社	株式会社 大村工務店（現場監督：大村利和、棟梁：千原紀明）
基礎・外構工事	㈲井崎石材（担当：井崎益次）
屋根工事	白柏板金工作所（担当：寺田和仁）
木製建具工事	㈱木下建窓（担当：木下和貴）
タイル・左官工事	前田左官店（担当：前田雄三）
塗装工事	㈱建築塗装イワネ（担当：岩根明）
クロス内装工事	マルヤマテント（担当：丸山信）
木材・建材・住宅設備機器	㈱高岡建材（担当：高岡洋輔）
電気・給排水設備工事	㈱よざ電工（担当：佐戸仁志）
ガス工事（給湯器エネファーム）	伊丹産業㈱（担当：赤西和康）
ロールスクリーン	株式会社 メタコ（担当：岡本幸夫）
美装	ビルトップ（担当：田中義人）
造園工事	造景房吉（岩村陽一郎）

2016.5.8
地鎮祭

土地の神様を鎮める儀式。まずは工事の安全祈願。

地盤改良

事前に行う地盤調査の結果次第で、地盤改良する。

土工事 砕石敷き

割栗石や砕石を敷き詰めて、地盤をしっかり締め固める。

土工事
捨てコンクリート

プラスチック系の防湿シートで防湿処理をし、地面を平滑にする。

基礎工事
配筋

配筋ピッチ、かぶり厚さなどを確認してから型枠工事へ。

基礎工事
型枠

コンクリートを打設するための型枠を設置する。

基礎工事
脱型

コンクリート硬化養生後、型枠を外す。

木工事
建方

土台から柱、横架材と順番に建ち上げていく。

2016.7.30
木工事 上棟

木造2階建ての規模であれば、およそ1日で上棟する。

屋根工事
防水

上棟後、雨が降る前に屋根の防水工事まで施工する。

屋根工事
屋根板金

屋根板金まで施工できれば、現場としては一安心。

外壁工事
耐力壁

外壁を仕上げる前に、筋交などの耐力壁を施工する。

**外壁工事
サッシ・外壁**

外壁下地、サッシ枠、防水、外壁、外に向かって順番に施工する。

**内装工事
木摺り**

木摺りをまわして強度補強。下地には手間をかける。

**内装工事
断熱**

内装ボードを張る前に柱間に断熱材を充填。

**内装工事
外部枠まわり**

内装下地と並行して外部の造作枠の施工も進む。

**内装工事
内部下地**

耐火性のあるプラスターボード。ここまでくれば空間が良くわかる。

**造作工事
キッチン収納**

内部下地が終わると家具などの造作工事に入る。

**造作工事
本棚**

大工の工事も終盤。メインとなる本棚も丁寧に施工。

**仕上工事
珪藻土塗り**

内部仕上げは左官工事。珪藻土を塗れば完成。

**仕上工事
外部**

工事は外部仕上へ。デッキや木塀を仕上げる。

外構工事

最後は造園工事。吹抜けと対峙できるシンボルツリーを植える。

竣工

エスキス・設計でイメージした空間が形になる。

**2016.12.5
引渡し**

引渡しで薪ストーブの使い方を説明。新しい生活が始まる。

3 詳細設計

虫の目でみる世界

詳細図はやたらと描き込んでしまう性分かもしれない。描かなくても大工が納めてくれる、監督が施工図を描いてくれる、という事実も否定はしない。でもやはり、この住宅が一体どうできあがるのか、理解したうえで納めたい。ちょうどルーペで覗き込む、虫の目のような感覚だ。現場で見るとさほど気にならない細部でも、許される限り時間をかけて、隅々まで考えたい。自己満足と言われればそれまでだが、設計者自身が満足できなければ、過去の自分の設計を超えることができない。それだけ思い入れを持ち一つひとつ丁寧に設計している。

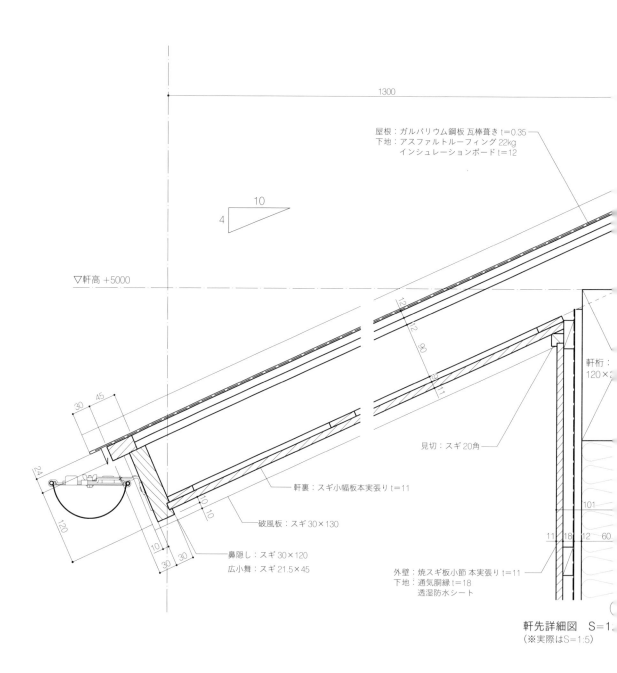

屋根：ガルバリウム鋼板 瓦棒葺き t=0.35
下地：アスファルトルーフィング 22kg
　　　インシュレーションボード t=12

1300

▽軒高 +5000

10
4

軒桁
120×2

見切：スギ 20角

軒裏：スギ小幅板本実張り t=11

破風板：スギ 30×130

鼻隠し：スギ 30×120
広小舞：スギ 21.5×45

外壁：焼スギ板小節 本実張り t=11
下地：通気胴縁 t=18
　　　透湿防水シート

軒先詳細図　S=1.
（※実際はS=1:5）

環境に合わせた納まり

ここからは屋根詳細図。軒先、けらば、壁との取り合い、棟の
納まりを検討していく。この頁ではS＝1:6で掲載しているが、
スケールはS＝1:5で描くことが多い。雨の多い日本では、
雨水をいかに処理するかが大切であり、板金の立ち上がり
についても丁寧に施工してもらう必要がある。図面にもしっ
かりと描き込みたい。さらに、通気計画も大切。いつもは屋
根裏の熱を逃すために、軒先に通気口を設けているが、湿度
の多いこの地域では積極的に通気を設けると、逆に屋根裏
に湿度がまわって大変なことになる。今回は外壁や軒裏の
木材の湿度を逃すため、必要最低限の通気口のみを確保し
た。通気計画をはじめ環境設計は、地域に合わせたカスタマ
イズが大切である。

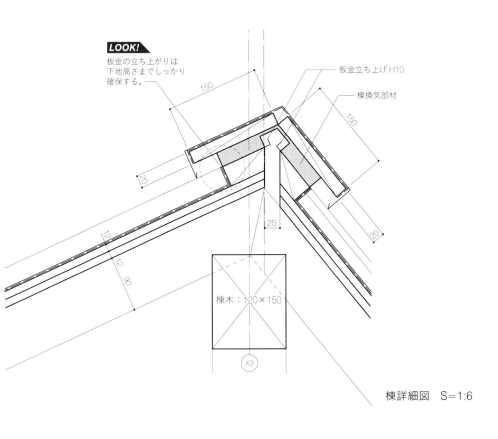

LOOK!
板金の立ち上がりは
下地高さまでしっかり
確保する。

150

板金立ち上げ H10

棟換気部材

150

20

25

20

棟木：120×150

X3

棟詳細図　S=1:6

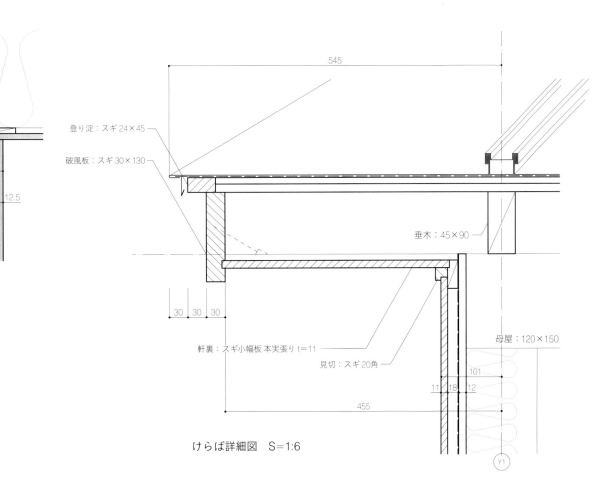

545

12.5

登り淀：スギ 24×45

破風板：スギ 30×130

垂木：45×90

30 30 30

母屋：120×150

101

軒裏：スギ小幅板 本実張り t=11

見切：スギ 20角

11 18 12

455

Y1

けらば詳細図　S=1:6

防水:アスファルトルーフィング 22kg

断面図

アスファルトルーフィング

重ね代:100

垂木

LOOK!

▲ 屋根の流れ方向(上下)の重ね代は100mm以上。
左右方向の場合は200mm以上重ねる。

防水ができれば一安心

上棟後、できるだけ早く完遂したいのが防水工事である。規模によるが、木造2階建はだいたい1日程度で上棟する。スムーズに進めば、上棟式の日の夕方に防水工事を終えることができる。雨が降ったり夜露が落ちたりする前に、迅速に施工したい。施工会社も、上棟の日の天候にはとても気を揉んでいる。多少の雨は気にならないが、大雨になると木材も濡れてしまい、建主も不安になる。それ以前に足場が悪く安全が担保できない。木造住宅の防水工事は**アスファルトルーフィング**を施工することが多い。軒先から順に100mm以上**重ね代**をとり、**ステープル**で留め付け、その上にガルバリウム鋼板で仕上げていく。注意したいのは、防水の立ち上がり処理。棟では雨仕舞いや屋根換気で一段立ち上がるので、防水の立ち上がりも忘れずに施工する。

アスファルトルーフィング:紙にアスファルトを浸透させた防水シート。
重ね代:防水シートを切れ目なく施工するために重ね合わせる部分。
ステープル:コの字型の針。止め金具。大きなホチキスの針。

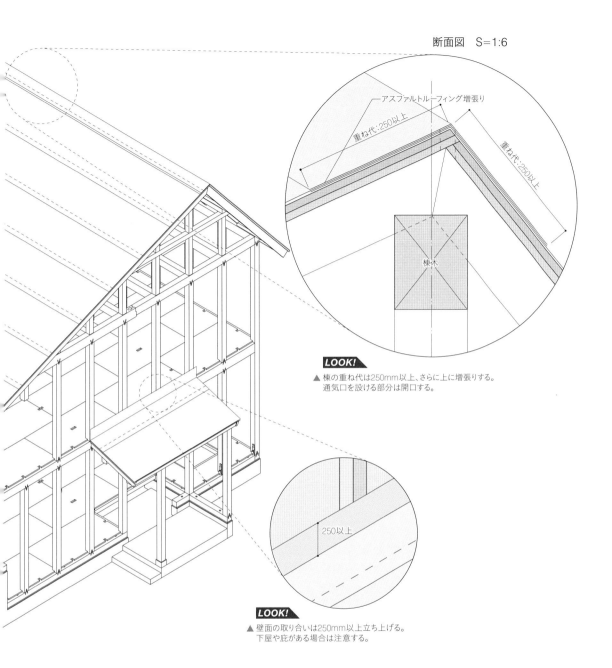

アスファルトルーフィング増張り

重ね代:250以上

重ね代:250以上

棟木

LOOK!

▲ 棟の重ね代は250mm以上、さらに上に増張りする。
通気口を設ける部分は開口する。

250以上

LOOK!

▲ 壁面の取り合いは250mm以上立ち上げる。
下屋や庇がある場合は注意する。

現場メモ ▶ **アスファルトルーフィング**

アスファルトルーフィングはステープルで留め付けられた陰の
立役者。黒いラインが100mmの重ね代。屋根の劣化を防
ぐ非常に重要な下葺き材だ。アスファルトと聞くと道路舗装
を思い浮かべる人も多いだろう。アスファルトルーフィングは
紙にアスファルトを浸透させた防水シート。上棟後、姿を確
認できるのは一瞬ですぐに屋根材が葺かれてしまう。留め方
のピッチや向きが揃っていると気持ちが良い。

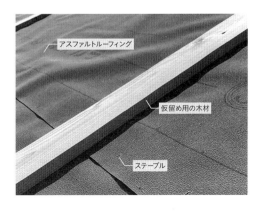

アスファルトルーフィング

仮留め用の木材

ステープル

14-3 屋根工事 屋根板金

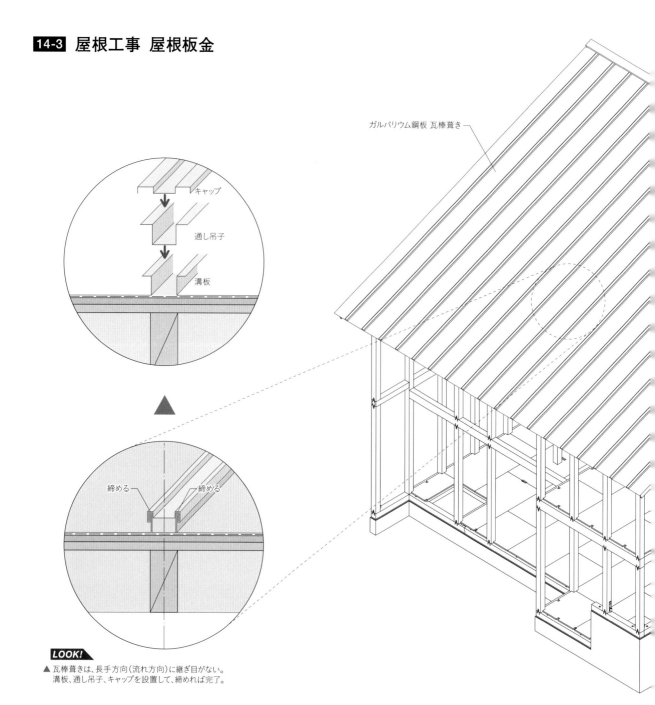

ガルバリウム鋼板 瓦棒葺き

キャップ

通し吊子

溝板

締める　締める

LOOK!

▲ 瓦棒葺きは、長手方向（流れ方向）に継ぎ目がない。
溝板、通し吊子、キャップを設置して、締めれば完了。

ガルバの魅力

現代住宅の屋根材として欠かせない〈ガルバリウム鋼板（通称ガルバ）〉の正式なJIS規格名称は「溶融55％アルミニウム－亜鉛合金めっき鋼板及び鋼帯」。55％のアルミニウム、43.4％の亜鉛、1.6％のシリコンからなり、耐食性・耐熱性・熱反射性に優れている。厚さは0.35〜0.4mmを使用することが多く、加工もしやすく屋根や外壁の仕上げ材として普及している。瓦に比べコスパも良く、なにより軽い。日本で商用

生産されたのが1982年なので、瓦と比べるとまだまだ新参者だが、この軽さは地震大国の日本では大きな性能メリットである。約15種類のカラーバリエーション、ツヤの有無が選べるのも魅力だろう。瓦の葺き替えをするタイミングで、ガルバに変更する住宅も多いそうだ。

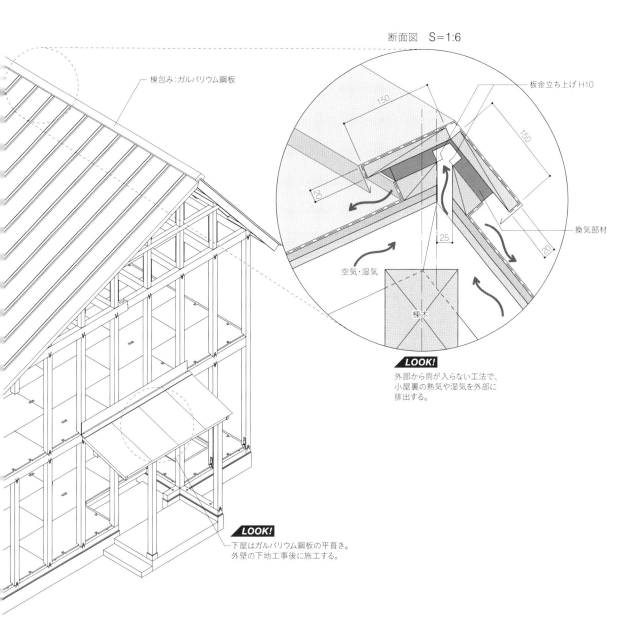

断面図　S=1:6

棟包み：ガルバリウム鋼板

150

20

板金立ち上げ H10

150

20

換気部材

25

空気・湿気

棟木

LOOK!
外部から雨が入らない工法で、
小屋裏の熱気や湿気を外部に
排出する。

LOOK!
下屋はガルバリウム鋼板の平葺き。
外壁の下地工事後に施工する。

現場メモ　**雪止め**

この地域では冬になると、北西季節風の影響で日本海の水
分を多く含んだ雪がどかっと降る。いや、かなり積もる。パ
ウダースノーならともかく、屋根に積もった重たい雪が落ちて人
に当たらないよう、雪止めは必須装備である。雪が落ちる軒
先の下も要注意。植物を植えてしまうとパキッと容易に折れ
てしまう。もちろん、この住宅でも玄関先に雪が落ちないよう、
最低限配慮している。玄関先に雪が落ちてしまう計画だと、
大雪の日は早朝から地獄の雪かきをする羽目に。積雪のあ
る地域では、雪の落ちる方向をしっかり考慮して屋根やプラ
ンを設計しよう。

雪止め

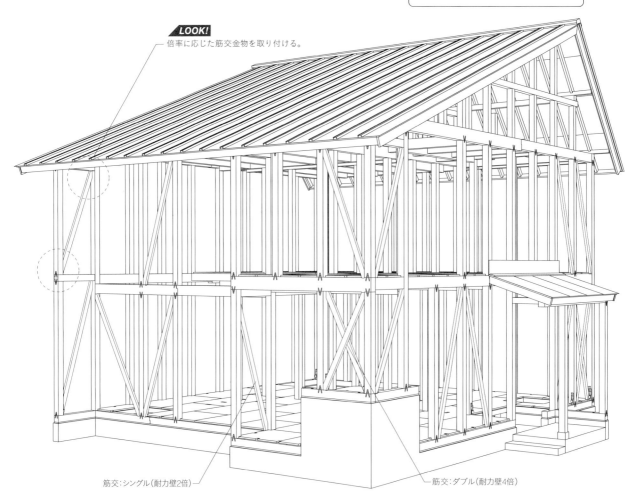

ちなみに、伏図では以下のように表記する。
筋交シングルは ╱上
筋交ダブルは ✕
（1階平面図はP.50／2階平面図はP.56参照）

LOOK!
─倍率に応じた筋交金物を取り付ける。

筋交：シングル（耐力壁2倍）

筋交：ダブル（耐力壁4倍）

筋交の位置
（※南面と東面のみ筋交を記載）

耐力壁は釘までチェック！

耐力壁は粘りのあるベイマツ45×90の筋交を用いている。柱と横架材に囲まれた部分に斜めに1本だけ入れることを片掛け（シングル）、2本交差させて入れることをたすき掛け（ダブル）という。壁倍率によって、柱と横架材に取り付ける筋交金物が異なる。筋交や**耐力面材**を使用する場合は、必ず使用する釘やピッチを確認する。耐力壁施工後、検査機関の中間検査にて金物検査が行われる。壁が塞がれる前に金物が正規の取り付けかたで施工されているかチェックし、間違っていれば是正してもらうように。また、**住宅性能表示**の耐震等級では耐力壁以外の開口部のない壁で、木摺り、構造用合板、プラスターボードを基準通り施工すれば準耐力壁として計算できる。

───
耐力面材：構造用合板などの木質系、鉱物繊維などの無機質系の構造用耐力面材。
住宅性能表示制度：『住宅の品質確保の促進等に関する法律』に基づく制度。

LOOK!
筋交と干渉する場合は間柱を切り欠く。
間違っても筋交を切り欠かないこと。

LOOK!
まぐさと窓台が入ると開口部の位置が
よくわかる。

間柱：ベイマツ t=45

まぐさ：ベイマツ t=45

窓台：ベイマツ t=45

間柱の位置
（※南面と東面のみ間柱を記載）

間柱の役割

柱と柱の間に入るのが間柱。厚み45mm前後で柱間が1820mmピッチであれば455mmの間隔で取り付けられる。今回はベイマツを使用しているが、柱と同じようにスギやヒノキを使用することもある。間柱が並ぶと、構造強度が増すことが見た目にもよくわかる。**まぐさ**や**窓台**が入ると開口部と壁を認識しやすくなる。注意しておきたいのは、構造材である筋交と干渉する場合は、間柱を切り欠き、決して筋交を切り欠かないこと。切り欠くというと聞こえが悪いが、間柱は筋交と固定されればそれだけで強度がでる。耐力面材を固定する場合も、下地材として力を発揮してくれる。確かに柱という名が入っているだけのことはある。

まぐさ：開口部の上部に取り付き、間柱に渡される横架材。
窓台：窓を支えるために開口部の下部に取り付ける横架材。

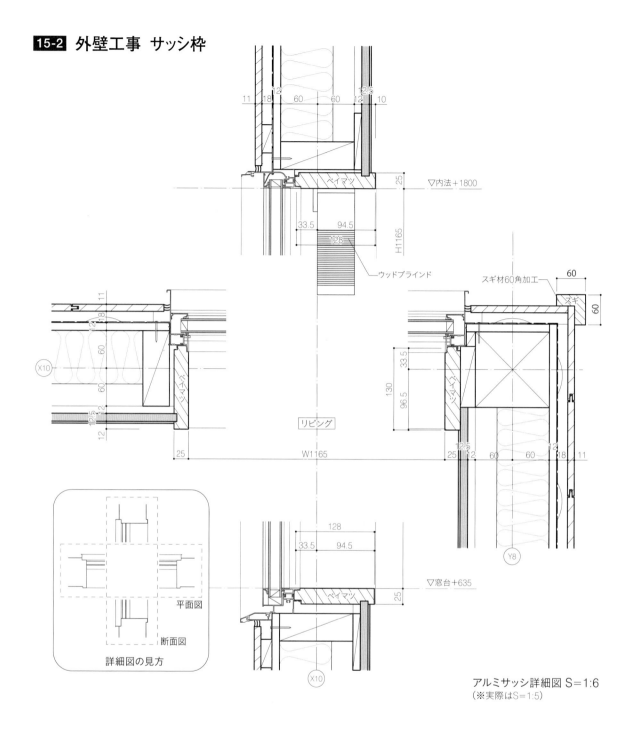

▽内法+1800

ベイマツ

ウッドブラインド

スギ材60角加工
スギ

リビング

W1165

▽窓台+635

ベイマツ

平面図

断面図

詳細図の見方

アルミサッシ詳細図 S＝1:6
（※実際はS＝1:5）

サッシ性能の変遷

この住宅のサッシはアルミ樹脂複合製と木製の2種である。日本でアルミサッシが本格的に使用されはじめて70年くらい経つだろうか。今はさらに性能が高いアルミ樹脂複合サッシ、そして樹脂サッシが主流になってきている。アルミは加工しやすいものの熱を伝えやすいため、アルミサッシは室内側で結露してしまう。一方アルミ樹脂複合サッシは室内側を樹脂に

することで、そのデメリットを解消した。木製建具好きには悔しいが、近年急速に普及している樹脂サッシは断熱性や機密性（防音性）も大幅に改良され、室内側での結露も生じにくい。紫外線での劣化が少し気になるところだが、今のところ総合評価で右に出るものはないのかもしれない。

ブチルテープ：ブチルゴムをベースにした耐久性に優れた防水テープ。

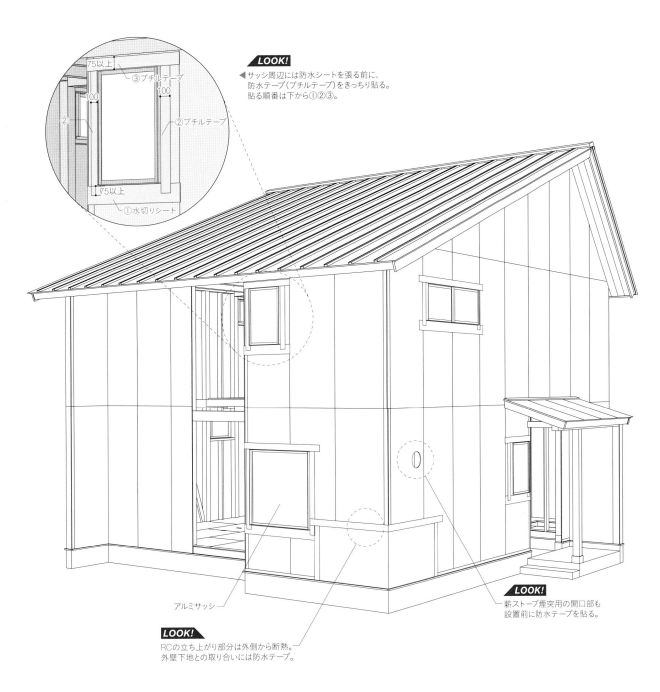

LOOK!
◀ サッシ周辺には防水シートを張る前に、防水テープ（ブチルテープ）をきっちり貼る。貼る順番は下から①②③。

③ブチルテープ
②ブチルテープ
①水切りシート
75以上
100
75以上

LOOK!
RCの立ち上がり部分は外側から断熱。外壁下地との取り合いには防水テープ。

アルミサッシ

LOOK!
薪ストーブ煙突用の開口部も設置前に防水テープを貼る。

いつの間にかLow-E

つい10年前までは高級ガラスだったが、いつの間にかLow-E複層ガラスも一般的な選択肢になった。Low-EとはLow Emissivityの略で低放射という意味になる。複層ガラスの内側（中空層）のどちらか一方のガラス面に特殊な金属膜がコーティングされ、コーティングが外側なら夏の紫外線をカット、内側なら室内の暖気を逃さないよう反射してくれる。

日射遮蔽型、日射取得型ともいわれる。その他にもより断熱性を高めるために中空層にアルゴンガスを封入したタイプや真空ガラスと組み合わせたタイプもある。高価なガラスだが、用途や地域に合わせて検討したい。

防水テープ：サッシ外周に隙間なく貼られる防水テープの総称。

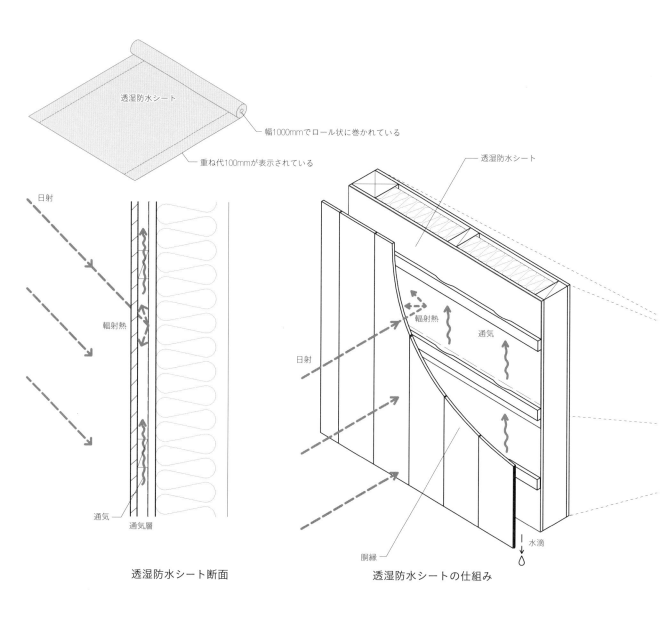

透湿防水シート

幅1000mmでロール状に巻かれている

重ね代100mmが表示されている

透湿防水シート

日射

輻射熱

通気

通気

通気層

透湿防水シート断面

輻射熱

日射

水滴

胴縁

透湿防水シートの仕組み

薄っぺらいのに多機能

アルミサッシと同じタイミングで、躯体に**透湿防水シート**を施工する。躯体内部の湿気を外部に逃しながら、外部からの雨水や湿気を防水するという透湿と防水の役割がある。薄いのに破れにくく強度もある。施工はあっという間だが、上下に100mm以上、左右に150mm以上の重ね代はしっか

り確認しよう。各社、重ね代の位置がわかるように印字されているものが多い。紫外線による劣化の観点から、60日以内に外壁施工を終了しなければいけないので、設計者はシートを施工してから2カ月以内で外壁工事が終えられるようチェックが必要。

透湿防水シート：ポリエチレン多孔質フィルム、ポリエチレン不織布をシート状に貼り合わせた建材。

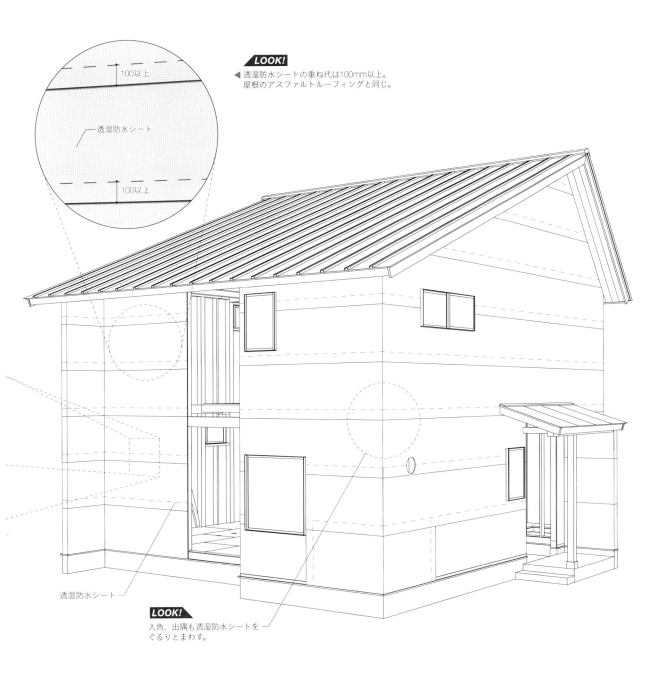

LOOK!

◀ 透湿防水シートの重ね代は100mm以上。
屋根のアスファルトルーフィングと同じ。

100以上

——透湿防水シート

100以上

透湿防水シート——

LOOK!

入隅、出隅も透湿防水シートを——
ぐるりとまわす。

さらに遮熱性も！

最近は、従来の透湿防水シートに遮熱性がプラスされている。簡単にいうと、従来の透湿防水シートにアルミを蒸着させ、外壁からの輻射熱をアルミ面が反射することで、内部への熱の侵入を軽減させる。ほんとうに薄いのに、大したやつだ。シートは小屋裏などでも使用でき、垂木の内側にシートを張り付ければ、外壁と同じように屋根からの輻射熱を反射させることができる。私も小屋裏（防水はアスファルトルーフィング）で使用した経験があるが、確かに通気層である垂木間とシートの内側ではあきらかに温度差があったので、効果あり。ちなみにこの透湿防水遮熱シートはアスファルトルーフィングほどの強い防水能力はないので、屋根面には使えない。屋根に使う場合は、別途透湿性能のあるルーフィング材の使用をおすすめする。

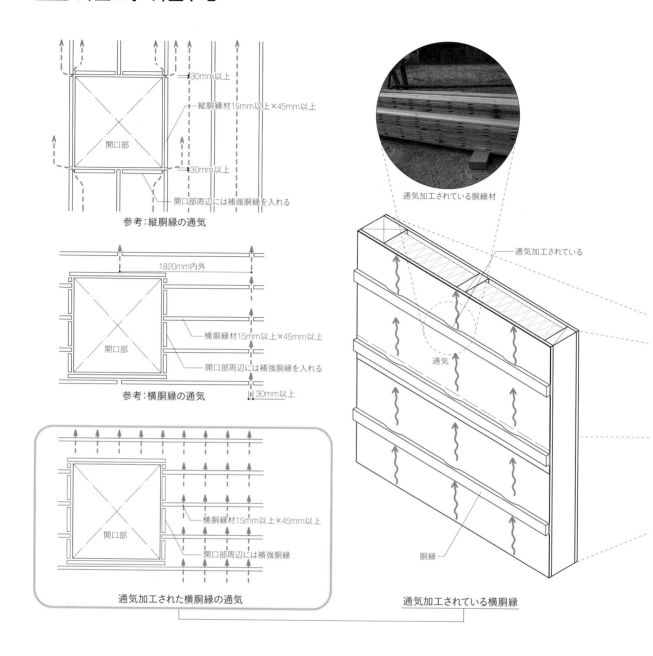

30mm以上

縦胴縁材15mm以上×45mm以上

開口部

30mm以上

開口部周辺には補強胴縁を入れる

参考：縦胴縁の通気

1820mm内外

横胴縁材15mm以上×45mm以上

開口部

開口部周辺には補強胴縁を入れる

30mm以上

参考：横胴縁の通気

横胴縁材15mm以上×45mm以上

開口部

開口部周辺には補強胴縁

通気加工された横胴縁の通気

通気加工されている胴縁材

通気加工されている

通気

胴縁

通気加工されている横胴縁

縦、横、縦、横

外壁仕上げの前に、下地となる胴縁を施工する。今回の外壁は木材の縦張りなので、**胴縁**は横方向に張ることになる。木材の施工は、縦材の下には横材、その下には縦材と互い違いに重ねるのが基本。互い違いにすると交差部にしっかり釘が打て、強度も出せる。この時、下地のピッチがきれいだと見た目も爽快で気持ち良い。また、下地材がきれいに揃っていると、仕上げを施工する職人の仕事も自然と丁寧にな

る。外壁が板張りで化粧釘の頭が見える場合は、下地のピッチを確認し、**水糸**で釘ピッチの目印を出してもらい、釘の位置も揃えてもらう。細かな仕事で申し訳ないのだが、一つひとつの仕事が最終的な仕上がりに影響する。下地段階からそうした意識をもって施工してもらう現場づくりも、監理の仕事である。

胴縁：羽目板やボードを取り付ける際、柱や間柱に打ち付ける下地材
水糸：ナイロンなど軽く水を吸収しない素材のため、ピンと張って直線の目印を出すことができる

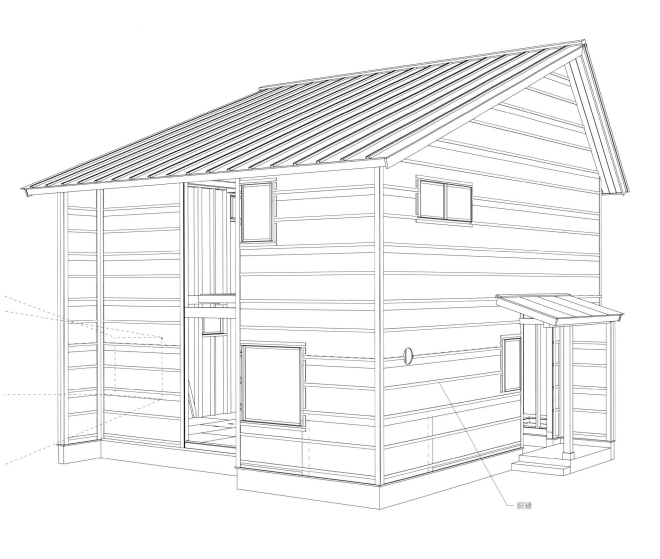

胴縁

横胴縁の場合の通気は?

胴縁の役割をもう少し詳しく見ていこう。外壁の仕上げ材と躯体の間には通気層が要る。透湿防水シートで触れたとおり、外壁の輻射熱を上部へ逃し、雨水の侵入で木材が腐らないように空気が移動できる通気層を計画する。縦胴縁の場合、空気は自然と上部へ抜けていくためさほど難しくないが、横胴縁は空気が滞留してしまうためひと工夫必要になる。具体的には、横胴縁の長さ1820mm内外に30mm程度の隙

間を開けて通気が取れるように施工する、あるいは今回も採用している通気加工された横胴縁材を使用すればよい。また、縦横に限らず、開口部周辺には30mm程度の隙間を設けて開口補強する。

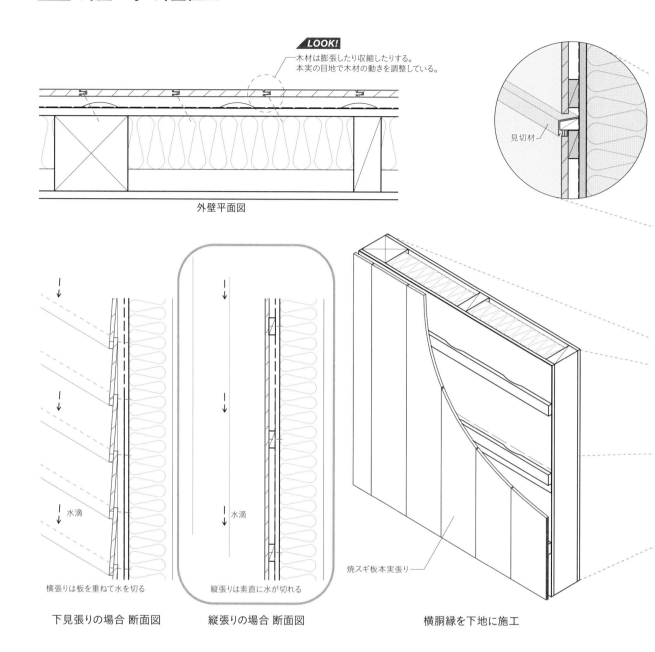

LOOK!
木材は膨張したり収縮したりする。
本実の目地で木材の動きを調整している。

見切材

外壁平面図

横張りは板を重ねて水を切る

下見張りの場合 断面図

縦張りは素直に水が切れる

縦張りの場合 断面図

水滴

水滴

焼スギ板本実張り

横胴縁を下地に施工

無理せず地域に習う

この地域では海風の塩害を考慮して昔から焼杉が使われている。流行りで金属や窯業系サイディングが施工されている例も見られるが、その後の姿はやはり……という状況。屋根材で使用する〈ガルバリウム鋼板〉は塩害にも強く外壁材の候補にも挙がったが、無機質で都会的な表情が、この地域のまち並みにとっては少し寂しく感じた。最終的には海辺の地域として今も昔もよく選ばれる焼杉を使っている。無理に新建材を使う必要もないし、経年変化の表情もわかって安心である。

板の張り方を考える

板張りの外壁では、板材の長さ、板の割付、仕上げ、張り方、ジョイントの処理、出隅や入角の納め方などを考える。図面の段階で指示できていれば良いが、現場で職人たちの知恵を借りながら決めることもある。今回は3mの焼杉材を使用し、縦のジョイント部には水切りをまわして小口に水が入らないようにしている。ちなみに、出隅は60mm角のスギ材を加工してもらい納めている。

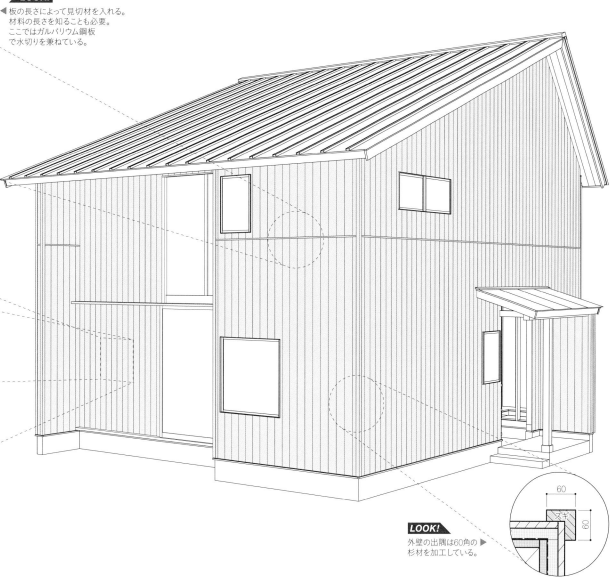

LOOK!
◀ 板の長さによって見切材を入れる。
材料の長さを知ることも必要。
ここではガルバリウム鋼板
で水切りを兼ねている。

LOOK!
外壁の出隅は60角の ▶
杉材を加工している。

60
60
スギ

現場メモ ▶ **外壁の小口**

外壁材の割付は、設計段階で立面図を描く時に必ず行う。できればこの時、外壁材の高さ方向の継目についても一緒に検討しよう。今回は3mの材料を揃えて張り、継目にはガルバリウム鋼板の見切り材をつけ、水切りをしている。木材を屋外で使用する場合は小口に注意する。小口とは、木材の繊維方向を切断した断面のこと。小口は水を吸収しやすく、雨が掛かると腐りやすい。今回は直接雨が入らないよう小口を水切りで保護している。雨や雪が多い地域ではなおさら気を付けたい納まりだ。

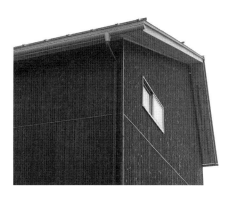

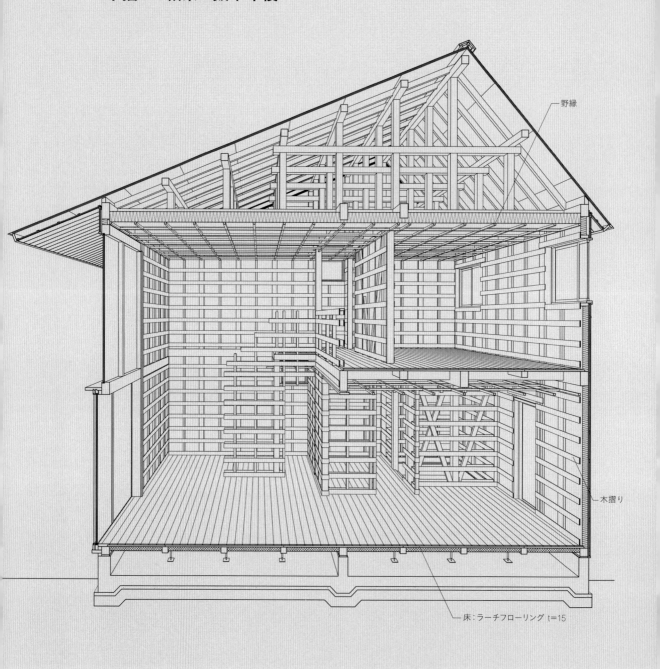

野縁

木摺り

床：ラーチフローリング　t=15

木摺りとは、漆喰など塗装仕上げの下地に張る薄くて細い板のこと。柱をボードで隠してしまう大壁工法は、多くの場合、柱に直に下地ボードを張り付ける。今回も図面段階では柱に直に施工する予定だった。しかし、工務店から内側には木摺りをまわしたいという願い出があった。木摺りをまわすメリットは、強度が増して柱から直に揺れが伝わらないので、ボードのクラックが入りにくいところにある。手間が増えるの

に金額はそのままでいいと言う。まさに職人のこだわり。文化財の修復なども手がけている工務店の申し出だ。元々考えていた空間よりも12mmほど内側に壁がふける（厚さが増す）が、壁の程よい厚みは心地良さにもつながる。数十年経った時、この価値が改めてわかるのだろう。

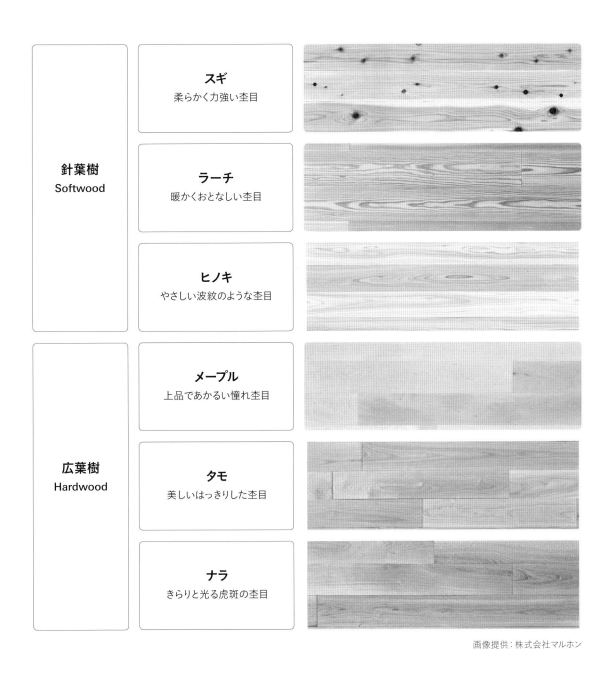

針葉樹 Softwood	**スギ** 柔らかく力強い杢目	
	ラーチ 暖かくおとなしい杢目	
	ヒノキ やさしい波紋のような杢目	
広葉樹 Hardwood	**メープル** 上品であかるい憧れ杢目	
	タモ 美しいはっきりした杢目	
	ナラ きらりと光る虎斑の杢目	

画像提供：株式会社マルホン

針葉樹と広葉樹

毎日足裏が触れる床材は、住まい手の身体に最も近い内装材とも言え、室内の雰囲気も大きく左右する。床材には木材を選ぶことが多いが、木材といっても材の幅や樹種によって表情は千差万別。ほかの内装材とのバランスを見ながら検討する。ここでは、基礎知識としておさえておきたい針葉樹と広葉樹の違いを紹介する。針葉樹の代表といえば、スギ、マツ、ヒノキなど。細胞構造が単純で含まれている空気量が多く、軽くて表面も暖かい。一方、広葉樹の代表は、メープル、ナラ、タモなど。こちらは細胞が複雑で種類が多いので、含まれている空気量が少なく、その分重くて硬い。英語でもsoftwoods（針葉樹）とhardwoods（広葉樹）という。今回は寒い地域ということもあり、冬でも表面が暖かくなるよう針葉樹であるラーチ（カラマツ）を選んでいる。

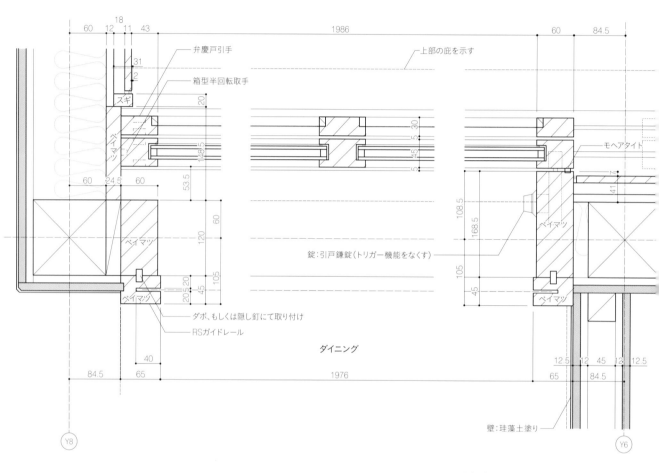

庭

弁慶戸引手
箱型半回転取手
上部の庇を示す
スギ
モヘアタイト
ベイマツ
ベイマツ
錠：引戸鎌錠（トリガー機能をなくす）
ベイマツ
ベイマツ
ダボ、もしくは隠し釘にて取り付け
RSガイドレール
ダイニング
壁：珪藻土塗り
Y8
Y6

木製窓平面詳細図　S=1:6
（※実際はS=1:5）

詳細図を共有する

外壁工事と並行して、内部では木部の造作枠の取り付けが始まる。実施図面が描き終わると、現場が始まる前に屋根や土台まわり、枠まわりをはじめとした各部の納まりを指示するための1/2や1/5スケールの詳細図を描く。ここで一気にものづくりの解像度を上げていく。難しい納まりの場合は横に簡単なスケッチを添えることもしばしば。図面よりもスケッチの方が設計意図が正確に伝わる。施工中も、現場監督や大

工と一緒に詳細図と睨めっこしながら納め方を検討する。施工側も自ら施工図を描き、つくる側の意見も示したうえで、納まりについて一緒に考える。全く同じ図面になったらそれはそれで意図が伝わった証でもある。設計としての意図をしっかり汲み取ってもらうためにも、つくり手の立場になって、詳細図を描くようにする。

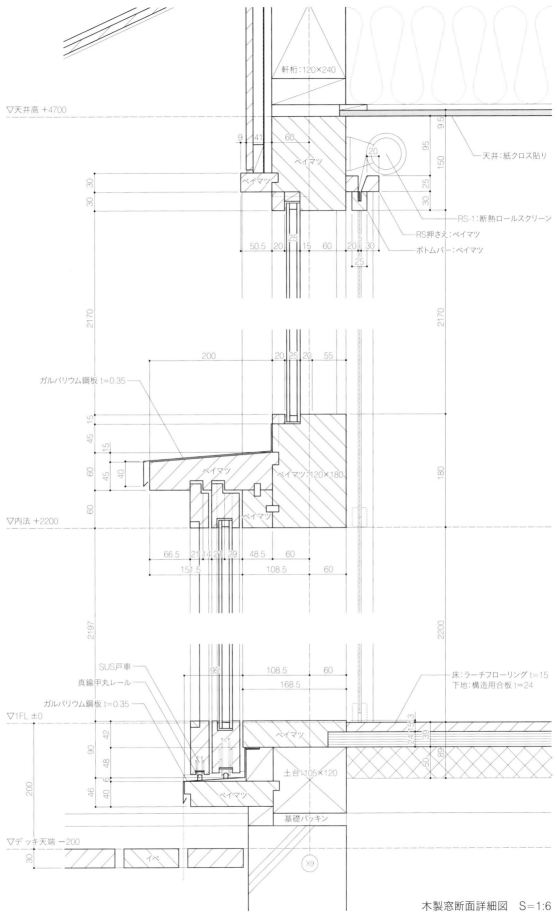

軒桁：120×240

▽天井高 +4700

ベイマツ

天井：紙クロス貼り

RS-1：断熱ロールスクリーン

RS押さえ：ベイマツ

ボトムバー：ベイマツ

ベイマツ

ガルバリウム鋼板 t=0.35

ベイマツ

ベイマツ120×180

ベイマツ

▽内法 +2200

SUS戸車

真鍮甲丸レール

ガルバリウム鋼板 t=0.35

▽1FL ±0

床：ラーチフローリング t=15
下地：構造用合板 t=24

ベイマツ

土台：105×120

ベイマツ

基礎パッキン

▽デッキ天端 −200

イペ

X9

木製窓断面詳細図　S=1:6

16-3 内装工事　内部下地

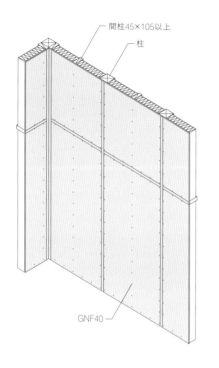

間柱45×105以上
柱
GNF40

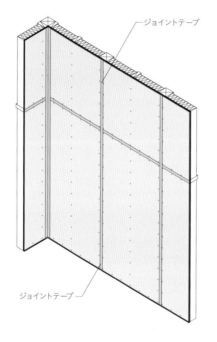

ジョイントテープ
ジョイントテープ

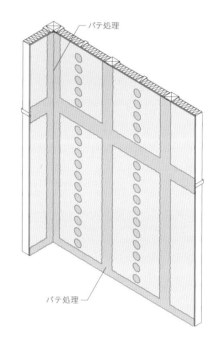

パテ処理
パテ処理

1.プラスターボードを張る

柱、間柱にGNF40等の釘、もしくはビスを@150で留めつける。2枚張りの場合はGNF50等の釘、もしくはビスで@200で留めつける。

2.ジョイントテープを貼る

ジョイント部分のクラックを防止するため、ガラス繊維製のジョイントテープを貼る。

3.パテ処理

ジョイントテープ、ビスのヘッド部分にしっかりパテ処理する。最低2回のパテ処理する(仕上材によって下地が異なる)。

プラスターボードの"12.5"

内部の下地にはプラスターボードを張る。プラスターとは石膏のこと。耐火性があり加工がしやすいので、クロス・塗装・左官仕上げの下地材として幅広く使用でき、壁は不燃の12.5mm、天井は準不燃の9.5mmを標準としている。ボードの厚みになぜ"0.5"の端数が付くのかというと、もともとはアメリカのインチで規格がつくられたからである。メートル換算すると半端な数字が出てきてしまう。プラスターボードを張り終えたら、仕上げる前にビスのヘッドやジョイントにパテ処理を施す。下地を平滑にすることは仕上がりの精度を上げる最大の近道だ。プラスターボードは種類も豊富で、外部や水まわりでも使える耐水タイプや吸音タイプもある。使用したい用途に合わせて種類を選ぼう。

パテ処理：仕上げ前にボードの継目やビス穴を塞ぎ平滑にする作業。

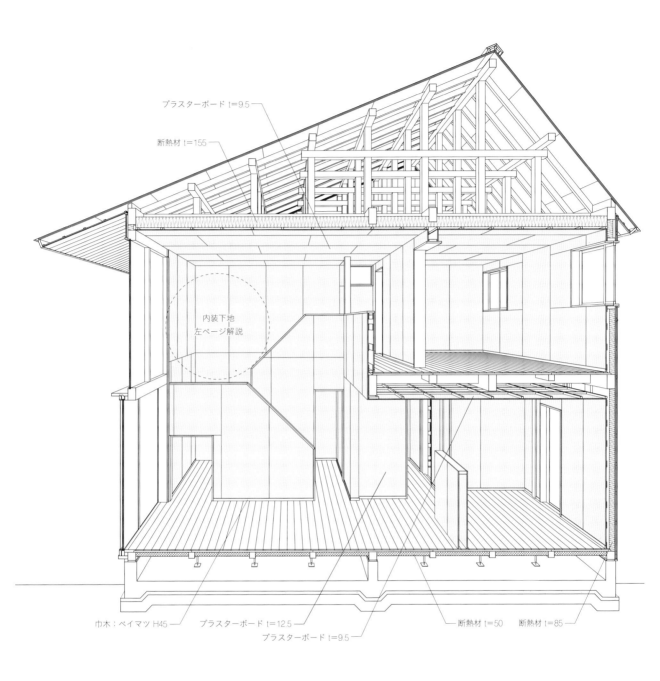

プラスターボード t=9.5

断熱材 t=155

内装下地
↓
左ページ解説

巾木：ベイマツ H45　　プラスターボード t=12.5　　　　　　　　　　　　断熱材 t=50　　断熱材 t=85

プラスターボード t=9.5

現場メモ 配線位置の確認

プラスターボードが張られると室
内空間の外形が把握できるように
なる。仕上げ工事前に設備関係
の配線位置の再確認をしておく。
建主にとってはようやく自身が生
活する場所の外形を確認するタイ
ミングとなり、ここまでくるとようや
くひと段落。

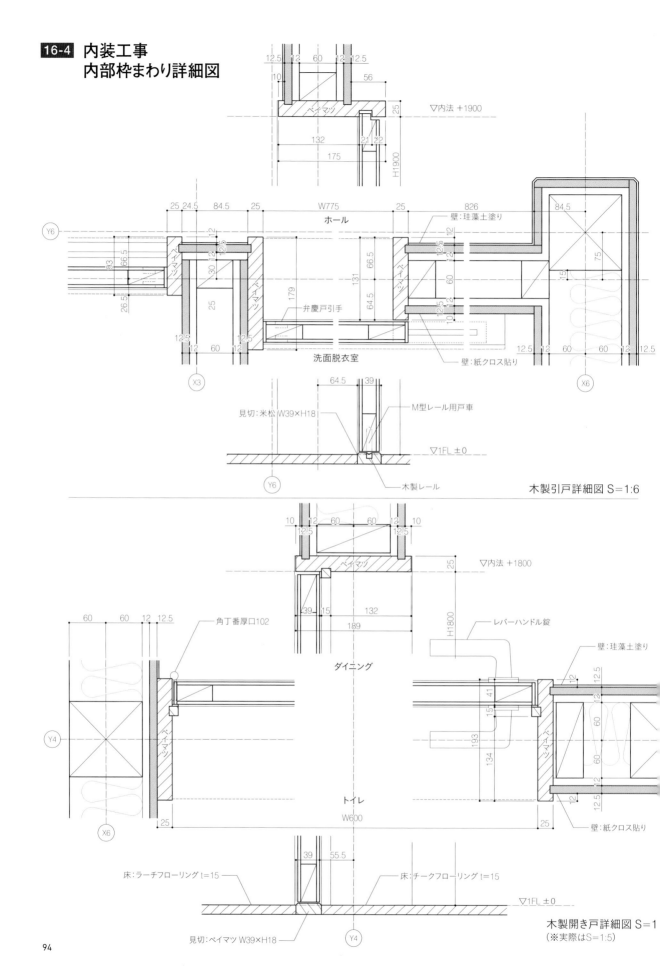

12.5 12 60 12 12.5
10
56
▽内法 +1900
25
132 21 22
175
H1900

25 24.5 84.5 25 W775 25 826 84.5
ホール
壁:珪藻土塗り
Y6
ベイマツ
93 66.5
30 12
12.5
12
66.5
75
131
26.5
12.5
25
64.5
60
45
ベイマツ
ベイマツ
ベイマツ
179
弁慶戸引手
12.5 60 12.5
洗面脱衣室
12.5 12 60 12 12.5
壁:紙クロス貼り
X3
X6

64.5 39
見切:米松 W39×H18
M型レール用戸車
▽1FL ±0
Y6
木製レール

木製引戸詳細図 S=1:6

10 12 60 60 12 10
12.5 12.5
ベイマツ
▽内法 +1800
25
39 15 132
189
H1800

60 60 12 12.5
レバーハンドル錠
角丁番厚口102
壁:珪藻土塗り
12.5
12
ダイニング
41
15
12
ベイマツ
Y4
60
193
134
ベイマツ
12
X6
トイレ
25 W600 25
12.5
壁:紙クロス貼り

39 55.5
床:ラーチフローリング t=15
床:チークフローリング t=15
▽1FL ±0
見切:ベイマツ W39×H18
Y4

木製開き戸詳細図 S=1
（※実際はS=1:5）

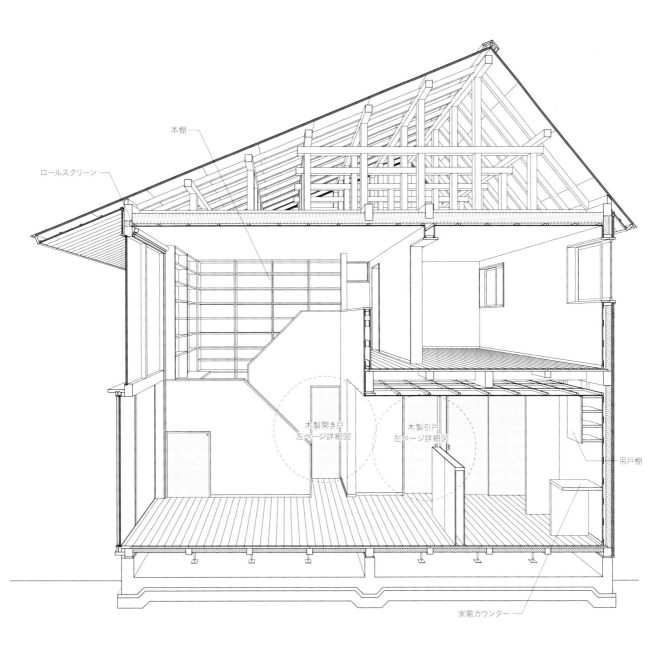

本棚

ロールスクリーン

木製開き戸
左ページ詳細図

木製引戸
左ページ詳細図

吊戸棚

家電カウンター

大きなルーペ

枠まわり詳細図に描き込むことは山ほどある。建具に取り付ける金物やその取り付け寸法の指示、水切り、レール、ロールスクリーンやカーテンレールなどのウインドウトリートメント。床や天井との取り合いも、描けるだけまとめて描いてしまう。ある大先生に「図面を大きなルーペで観てみろ、内部に入り込めるから空間がよくわかる」と言われたことがあるが、詳細図を描いているときはまさにそんな感覚である。縮尺の大きな図面を描くのは虫眼鏡を覗いているみたいで若干中毒性がある。描き出すとやめられず時間だけが過ぎていくから気を付けよう。

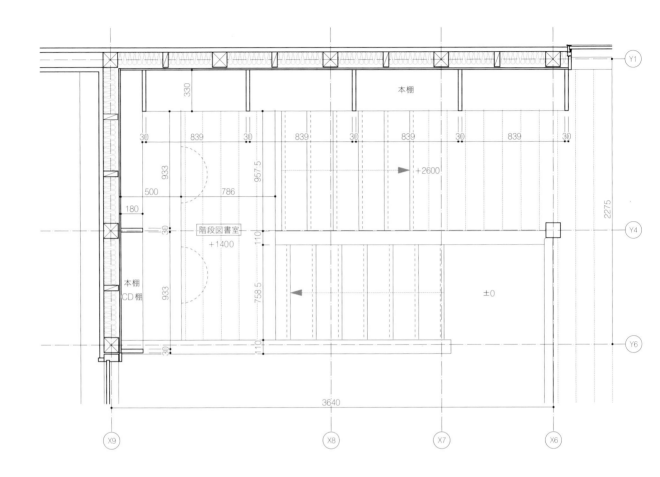

階段平面詳細図 S＝1:30

階段を表舞台に

空間を縦につなぐ階段は、設計で気合が入る見せ場の一つ。適切な寸法、手摺や照明の位置、足元照明や滑り防止の仕上げを含め、上下階をどう立体的に移動させるかを吟味する。ここでは踊り場の空間を少しだけ広くしてデスクコーナーを設けた。階段下には倉庫とトイレを計画。吹抜け空間に

本やCDがズラリと並ぶ階段は、本と音楽に囲まれた生活がしたいという建主の意向をかたちにしたものだ。訪れるたびに少しずつ棚が本で埋まっていく様子を観察している。

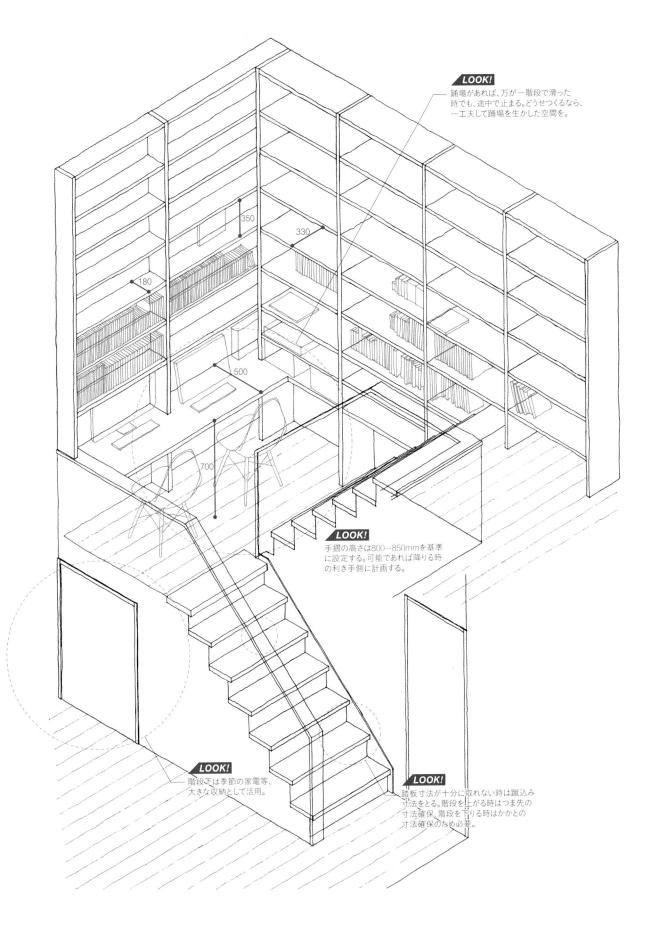

LOOK!
踊場があれば、万が一階段で滑った
時でも、途中で止まる。どうせつくるなら、
一工夫して踊場を生かした空間を。

350

330

180

500

700

LOOK!
手摺の高さは800〜850mmを基準
に設定する。可能であれば降りる時
の利き手側に計画する。

LOOK!
階段下は季節の家電等、
大きな収納として活用。

LOOK!
踏板寸法が十分に取れない時は蹴込み
寸法をとる。階段を上がる時はつま先の
寸法確保、階段を下りる時はかかとの
寸法確保のため必要。

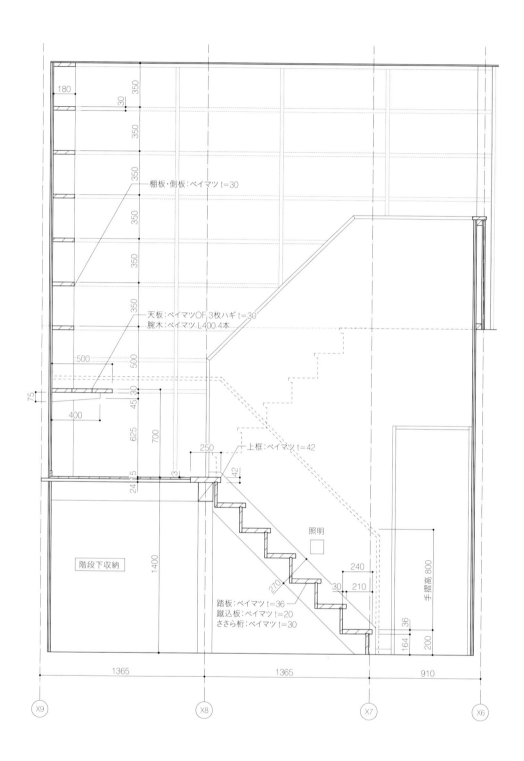

棚板・側板：ベイマツ t=30

天板：ベイマツOF,3枚ハギ t=30
腕木：ベイマツ L400 4本

上框：ベイマツ t=42

照明

踏板：ベイマツ t=36
蹴込板：ベイマツ t=20
ささら桁：ベイマツ t=30

階段下収納

180
350
30
350
350
350
350
350
500
500
45
30
75
400
625
700
241
5
31
42
250
270
1400
240
210
30
手摺高 800
164
36
200

1365
1365
910

X9
X8
X7
X6

階段断面詳細図 S＝1:30

17-2 造作工事 玄関

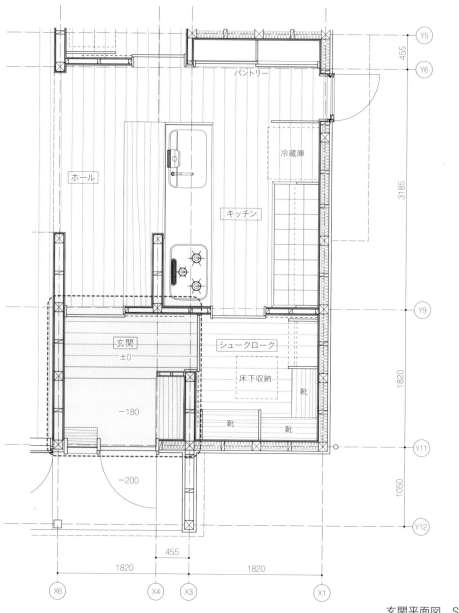

玄関平面図　S＝1:50

玄関はあかるく楽しく心地良く

玄関は外の世界とつながる出入口であり、家にこもっていない限り毎日通る場所である。朝出かける時は気持ち良く1日を始められるようにと思うし、夕方帰ってきた時には明かりが灯るポーチを見てほっとしてほしい。ここでは朝日が入ってくるよう東側に玄関を配置して、お隣さんの畑と庭を借景とさせてもらっている。同じまち並みをつくる者同士、お隣さんの庭がなくならない限りありがたく風景をお借りし合おう。玄関のすぐ隣にはシュークロークを配置し、室内前を引戸で仕切って土間の冷気が室内に入ってこないよう配慮している。

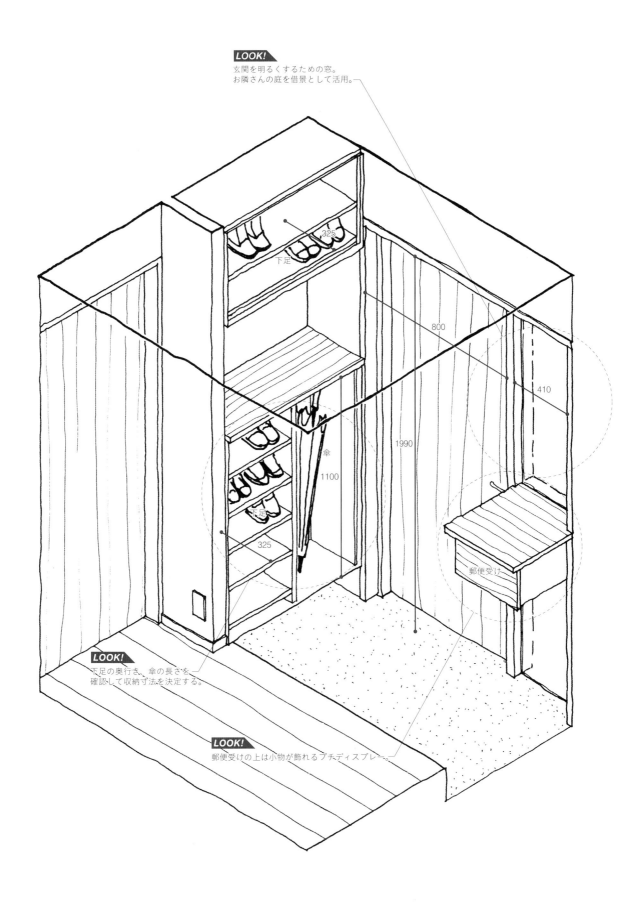

LOOK!
玄関を明るくするための窓。
お隣さんの庭を借景として活用。

下足   325

800

410

傘

1990

1100

下足

325

郵便受け

LOOK!
下足の奥行き、傘の長さを
確認して収納寸法を決定する。

LOOK!
郵便受けの上は小物が飾れるプチディスプレー。

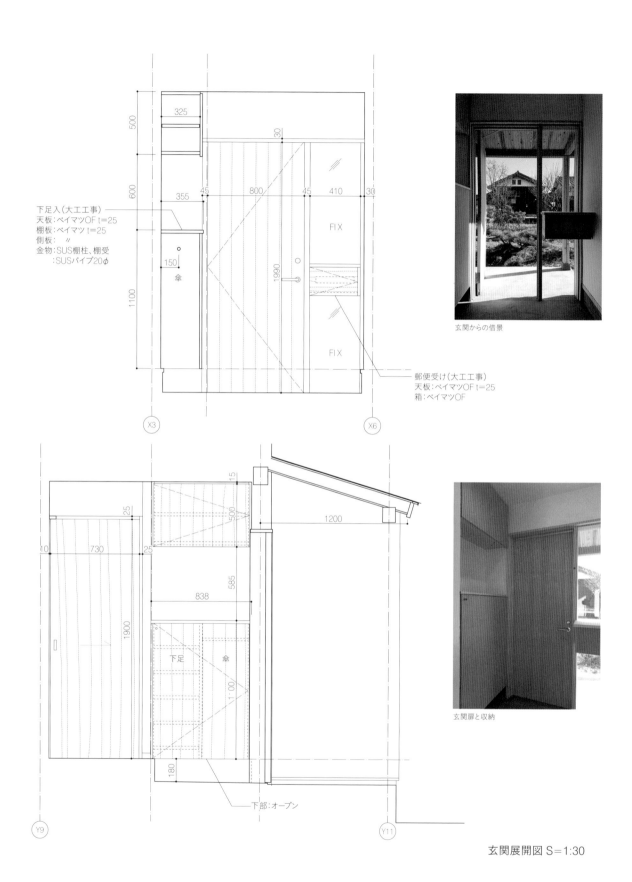

下足入（大工工事）
天板：ベイマツOF t=25
棚板：ベイマツ t=25
側板：　〃
金物：SUS棚柱、棚受
　　：SUSパイプ20φ

325
500
600
45　　800　　45　　410　　30
355
150
傘
1990
FIX
1100
FIX
30

X3

X6

玄関からの借景

郵便受け（大工工事）
天板：ベイマツOF t=25
箱：ベイマツOF

15
25
500
730
25
1200
838
585
1900
下足　　傘
1100
180

下部：オープン

Y9

Y11

玄関扉と収納

玄関展開図 S＝1:30

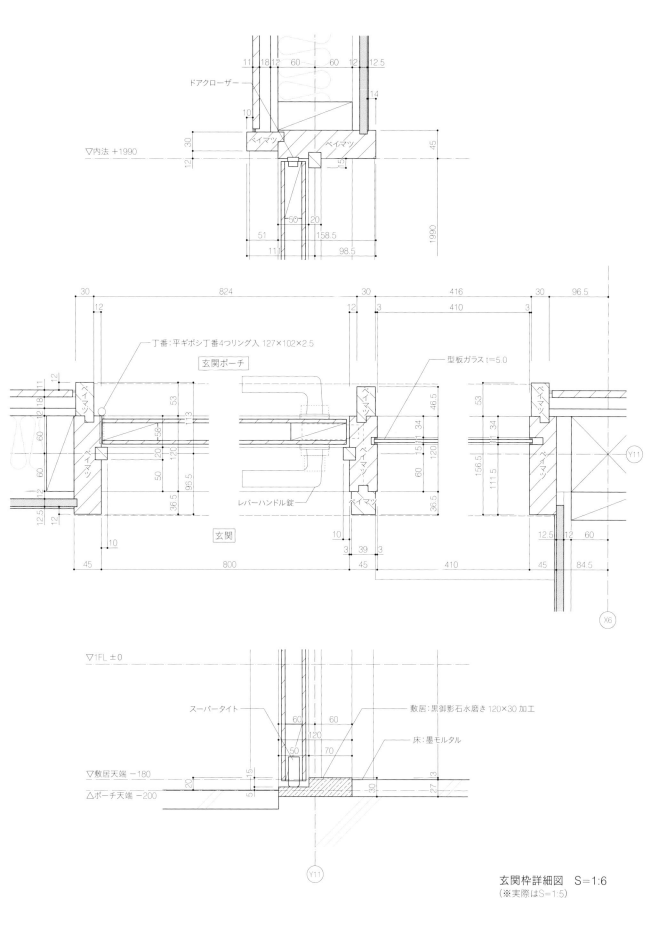

ドアクローザー

11 18 12 60 60 12 12.5

14

10

45

▽内法 +1990

30

12

ベイマツ　ベイマツ

15

1990

50 20

51 158.5

11 98.5

---

30 824 30 416 30 96.5

12 12 3 410 3

丁番：平ギボシ丁番4つリング入 127×102×2.5

玄関ポーチ

型板ガラス t=5.0

12

11

18

12

60

60

12

12.5

ベイマツ

53

113

50

120

50

ベイマツ

20

96.5

36.5

レバーハンドル錠

ベイマツ

46.5

34

15

11

120

60

36.5

53

34

11

156.5

111.5

ベイマツ

Y11

玄関

10

3 39 3

45 800 45 410 45 84.5

12.5 12 60

X6

▽1FL ±0

スーパータイト

敷居：黒御影石水磨き 120×30 加工

60 60

床：墨モルタル

120

50 70

▽敷居天端 −180

20

15

5

30

3

27

△ポーチ天端 −200

Y11

玄関枠詳細図　S=1:6
（※実際はS=1:5）

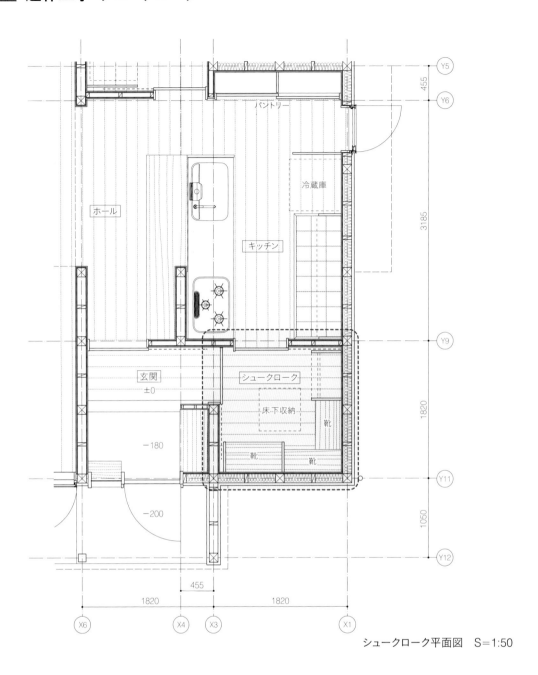

シュークローク平面図　S=1:50

裏方のありがたさ

設計する時はいつも、玄関とシュークローク、キッチンの流れを意識する。シュークロークには普段履きしない靴やパッと羽織れる上着、鞄類から、アウトドア用品、子どもの遊び道具、土ものの野菜を収納する。荷物の一時避難場所や物置的な役割でも重宝し、キッチンにとってもストックのような位置付けになる。生活する人によって詰め込むものが異なるが、便利な空間であることは間違いなし。建主との打合せで靴が多そうな人なら棚板を増やし、土間のほうが使い勝手がよさそうならそちらを確保する。ここがあるから玄関が美しく保てる。裏方のありがたさを知る。

LOOK!
あらゆる収納に対応できるように、
あえて奥行きをランダムにしている。

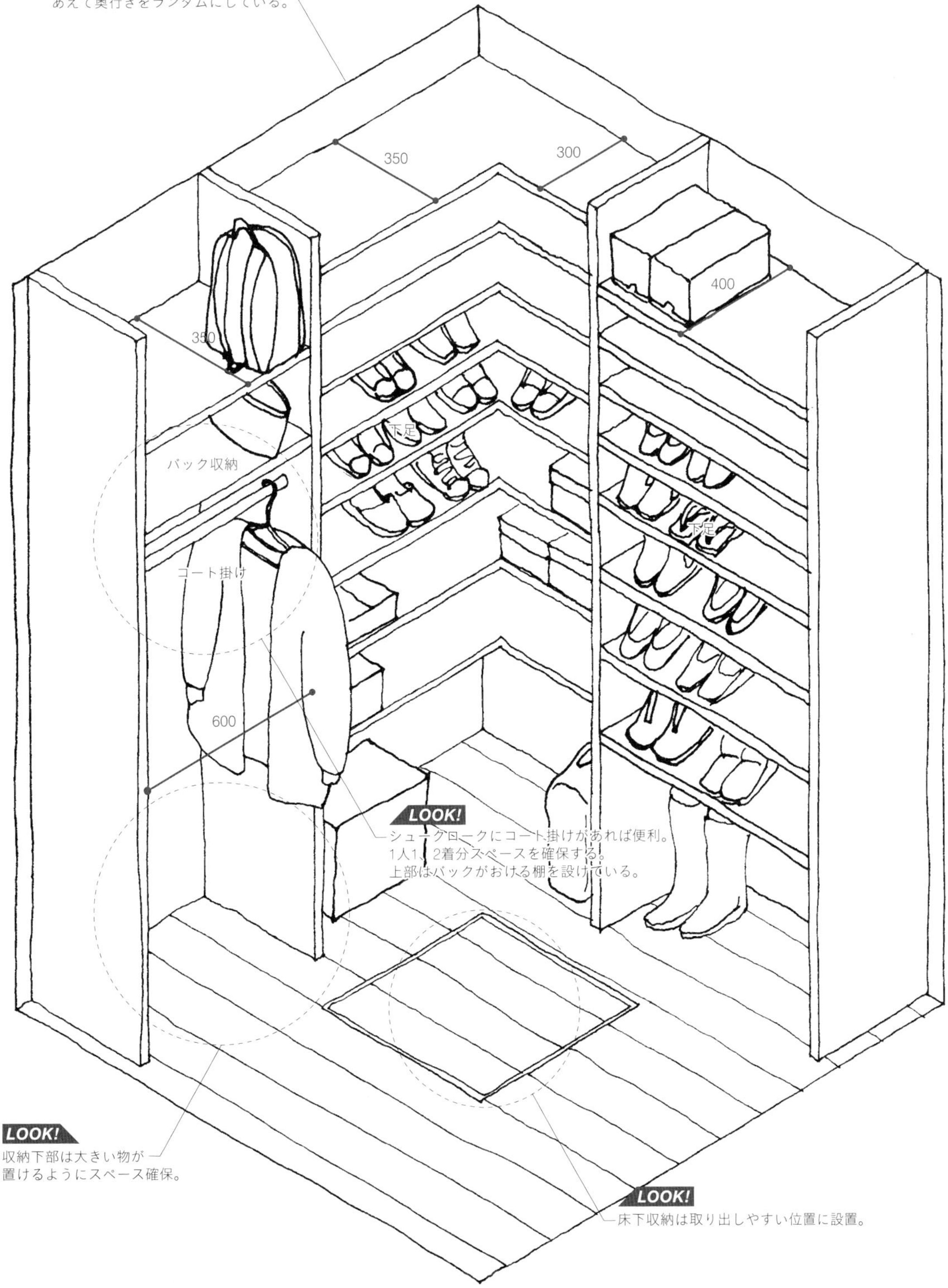

350

300

350

400

バック収納

コート掛け

600

下足

下足

LOOK!
シューグロークにコート掛けがあれば便利。
1人1～2着分スペースを確保する。
上部はバックがおける棚を設けている。

LOOK!
収納下部は大きい物が
置けるようにスペース確保。

LOOK!
床下収納は取り出しやすい位置に設置。

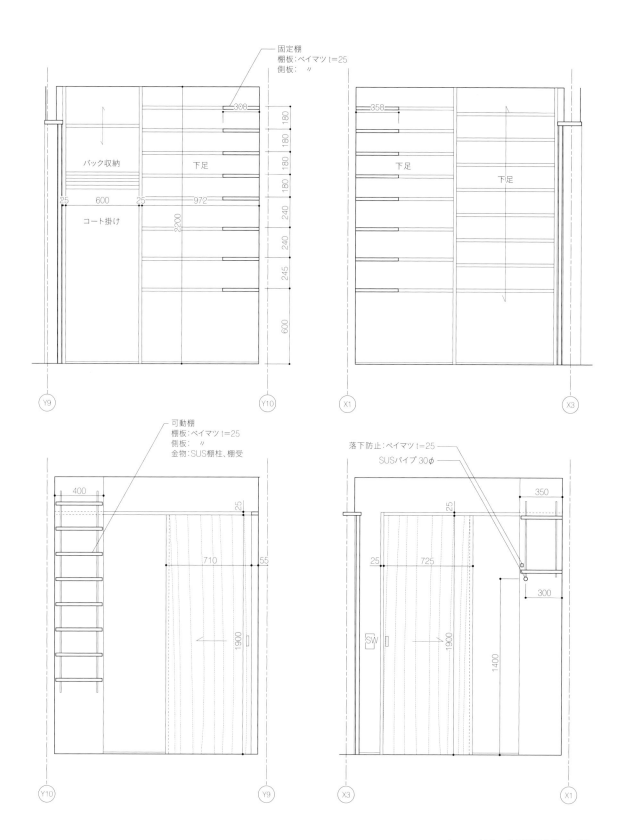

固定棚
棚板：ベイマツ t=25
側板： 〃

固定棚
棚板：ベイマツ t=25
側板： 〃

300

180
180
180
180
240
240
245
600

2200

バック収納

下足

25   600   25   972

コート掛け

Y9   Y10

350

下足

下足

X1   X3

可動棚
棚板：ベイマツ t=25
側板： 〃
金物：SUS棚柱、棚受

400

25

710   55

1900

落下防止：ベイマツ t=25

SUSパイプ 30φ

350

25

25   725

1900

300

1400

SW

Y10   Y9

X3   X1

シュークローク展開図 S＝1:30

シュークロークには物がたくさん

キッチン平面図　S＝1:5

ものたちにも居場所を

最近は男性も台所に立つようになり、キッチンカウンターも男女兼用で使える高さにすることが増えてきた。共働きで忙しくとも、とにかく食べるためには調理しないといけない！それがストレスにならないよう、設計でできることは惜しみなくサポートしたい。例えば料理をするときの段取りや動作を妨げないこ

とはもちろん、冷蔵庫の位置や開き方、食器や食材の収納場所まで、細やかに設計する。ものたちに居場所をつくってあげれば、カウンター周辺が散らからない。特に共働きなら週末に食材を買って1週間分をストックする傾向があるので、使いやすい位置にパントリーを設けよう。

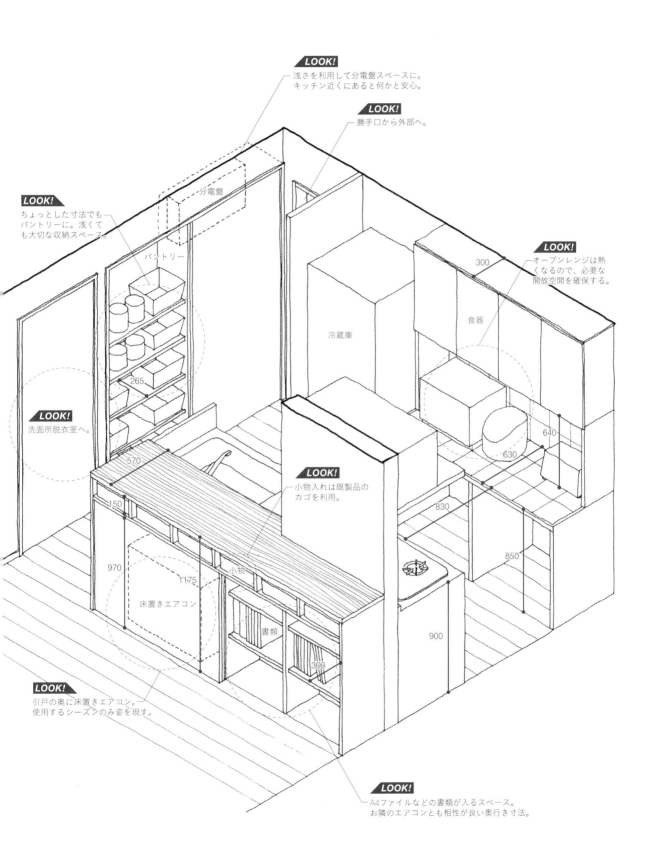

LOOK!
浅さを利用して分電盤スペースに。
キッチン近くにあると何かと安心。

LOOK!
勝手口から外部へ。

LOOK!
ちょっとした寸法でも
パントリーに。浅くて
も大切な収納スペース。

LOOK!
オーブンレンジは熱
くなるので、必要な
開放空間を確保する。

分電盤

パントリー

300

食器

冷蔵庫

265

LOOK!
洗面所脱衣室へ。

570

LOOK!
小物入れは既製品の
カゴを利用。

640

630

150

830

970

850

1175

小物

床置きエアコン

書類

900

300

LOOK!
引戸の奥に床置きエアコン。
使用するシーズンのみ姿を現す。

LOOK!
A4ファイルなどの書類が入るスペース。
お隣のエアコンとも相性が良い奥行き寸法。

キッチンカウンターには日常の小物を収納

キッチン横のパントリー

吊戸棚の食器類

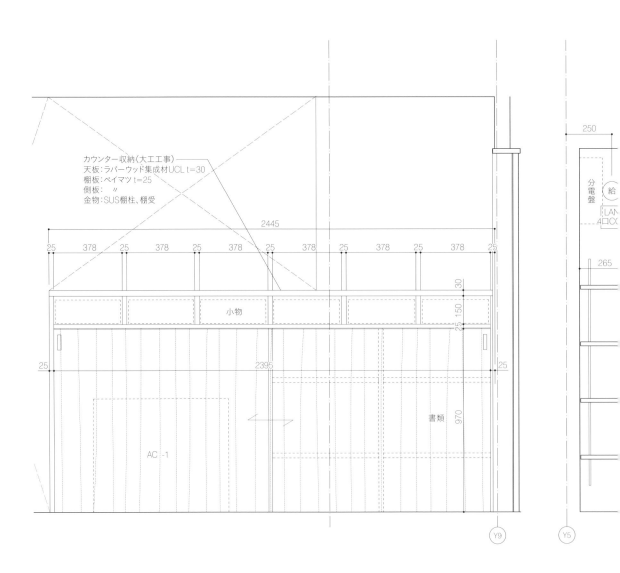

カウンター収納(大工工事)
天板:ラバーウッド集成材UCL t=30
棚板:ベイマツ t=25
側板: 〃
金物:SUS棚柱、棚受

2445

25 378 25 378 25 378 25 378 25 378 25 378 25

30
150
25

小物

2395

25
25

書類

970

AC -1

250

分電盤 給

LAN
4口CO

265

Y9

Y5

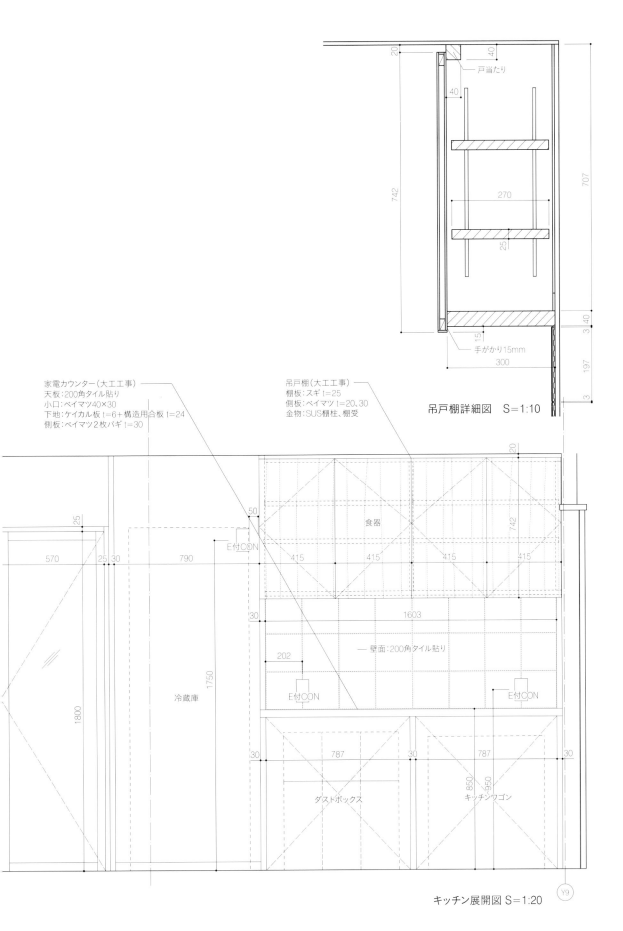

戸当たり

20

40

742

270

25

40

707

15

手がかり15mm

300

3 40

197

3

吊戸棚詳細図　S＝1:10

家電カウンター（大工工事）
天板：200角タイル貼り
小口：ベイマツ40×30
下地：ケイカル板 t＝6＋構造用合板 t＝24
側板：ベイマツ2枚バギ t＝30

吊戸棚（大工工事）
棚板：スギ t＝25
側板：ベイマツ t＝20、30
金物：SUS棚柱、棚受

20

25

570

25

30

790

50

E付CON

食器

415

415

415

415

742

30

1603

202

壁面：200角タイル貼り

E付CON

E付CON

1750

1800

冷蔵庫

30

787

30

787

30

850

950

ダストボックス

キッチンワゴン

キッチン展開図 S＝1:20

Y9

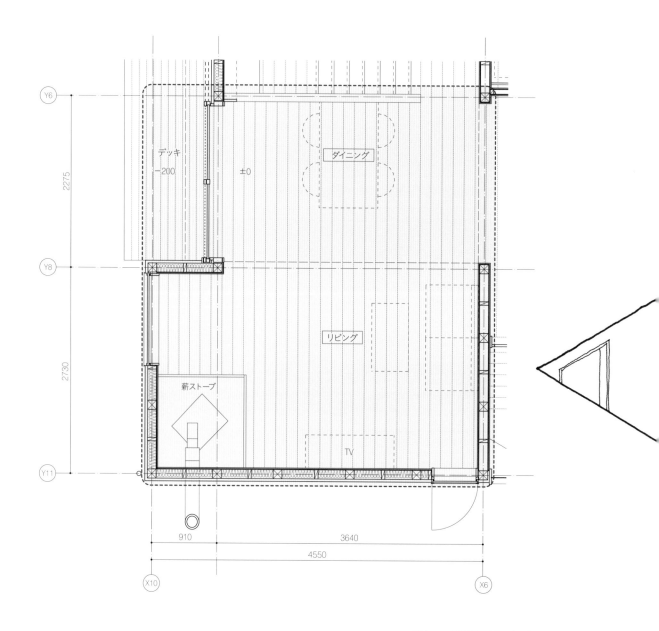

ダイニング平面図 S＝1:50

小さいからこそおおらかに

設計の軸となった吹抜けの天井高は4700mm。一方1階は2200mm、2階は2100mmと各階の天井高を抑えた結果、桁高も5000mm未満となった。おおらかな空間とこぢんまりした空間を織り交ぜて、小さな家ながら豊かな居心地をつくっている。ちなみに、吹抜けの賛否は分かれるところだろう。「暑いし寒いし空間の無駄。それよりも床を増やして!」と

いう建主の声もよく耳にするが、はたして本当にそうだろうか? この住宅では、夏場は床付近から冷気が吹き出すように床置きエアコン1台を設置し、冬は薪ストーブで十分暖かく過ごせている。2階天井に設置したファンが空気を動かして、室内の温熱環境を調和してくれている。

LOOK!
天井ファンで吹抜けの空気を循環。

LOOK!
吹き抜けに面した開口部から
1階の様子がうかがえる。

CH2100

4380

CH4700

4380

寝室

1800

LOOK!
おおらかな吹抜けがあるから、
天井の低い空間が魅力的になる。

リビング

CH2200

薪ストーブ

ダイニング

LOOK!
薪ストーブで2階の寝室もポカポカ。
吹抜けから住宅全体を暖めてくれる。

吹き抜けのダイニング

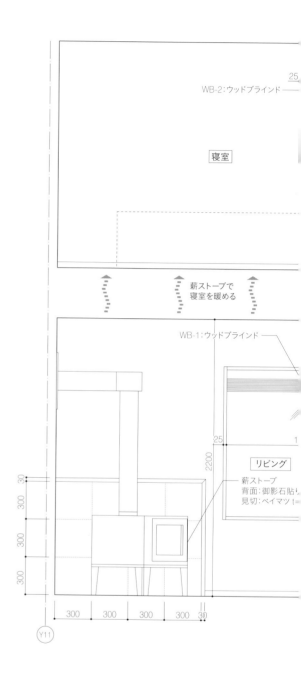

WB-2:ウッドブラインド

25

寝室

薪ストーブで
寝室を暖める

WB-1:ウッドブラインド

リビング

薪ストーブ
背面：御影石貼り
見切：ベイマツ t=

2200

25　　　　1

300
300
300
300

300　　300　　300　　300　　30

Y11

豊かな生活とは？

薪ストーブを提案した当初は、正直建主がここまでハマるとは思っていなかった。訪問するたびに自作された薪小屋が一つ、二つと増えていき、今では四つある。薪集めのルートも自ら開拓し、休日には薪割り。家族が自然と火のまわりに集まり、薪ストーブがあることで、生活が豊かになったという。もとは太陽光発電をしたいという希望だったが、打合せの過程で薪ストーブに変更したのだ。ちなみに、薪ストーブ上部に寝室を配置しているので、冬はすごく暖かい。寝る前に一本薪をくべれば朝まで暖かいようだ。

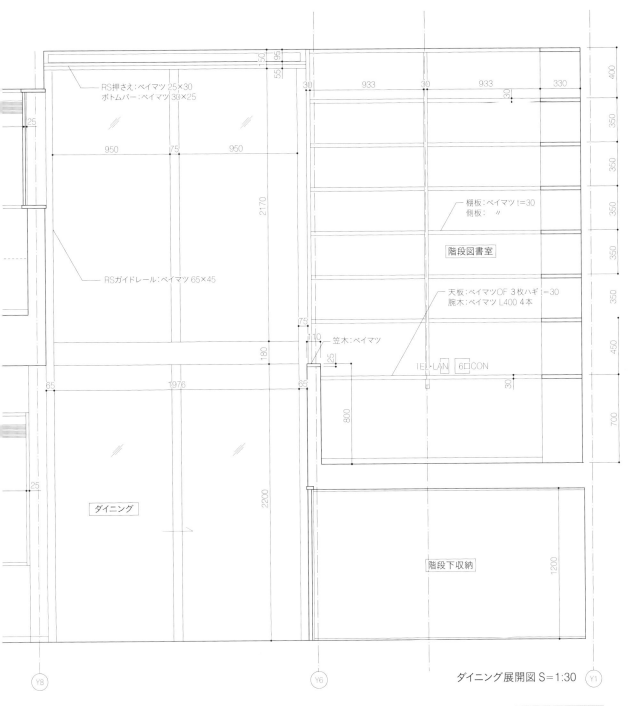

RS押さえ：ベイマツ 25×30
ボトムバー：ベイマツ 30×25

950　75　950

2170

RSガイドレール：ベイマツ 65×45

65　1976　65

180

2200

ダイニング

30　933　30　933　330

棚板：ベイマツ t=30
側板：　〃

階段図書室

天板：ベイマツOF 3枚ハギ t=30
腕木：ベイマツ L400 4本

75
110
笠木：ベイマツ
25

TEL・LAN　6□CON

800

30

400

350

350

350

350

350

450

700

1200

階段下収納

Y8　Y6　ダイニング展開図 S＝1:30　Y1

薪ストーブ

薪小屋の薪

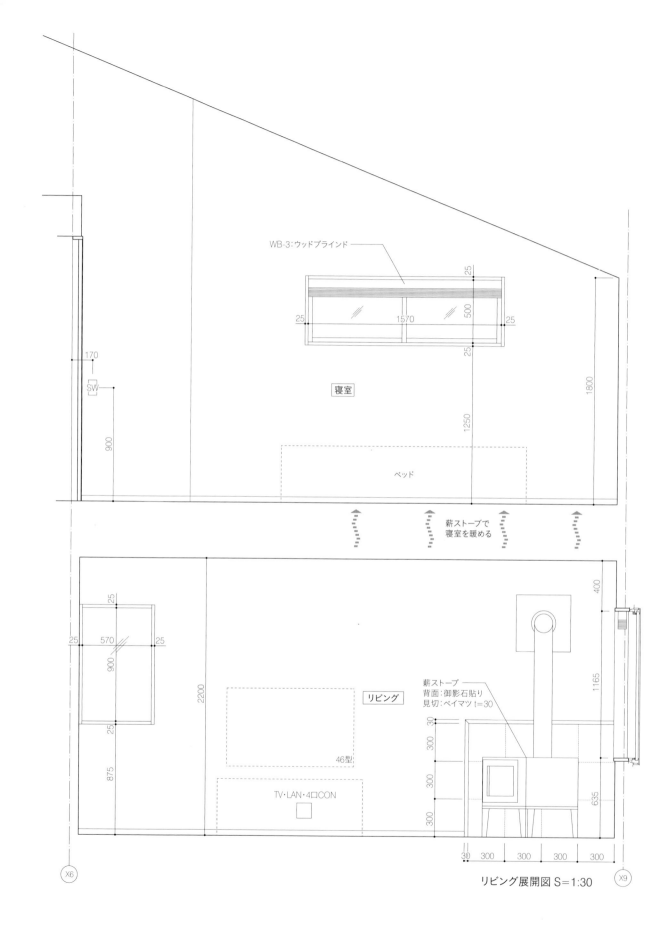

WB-3：ウッドブラインド

25

1570　　　500

25

25

25

寝室

170

SW

900

1250

1800

ベッド

薪ストーブで
寝室を暖める

25

570

25

900

25

875

2200

リビング

46型

TV・LAN・4口CON

薪ストーブ
背面：御影石貼り
見切：ベイマツ t=30

30

300

300

300

300

400

1165

635

30　300　　300　　300　　300

X6

X9

リビング展開図 S＝1:30

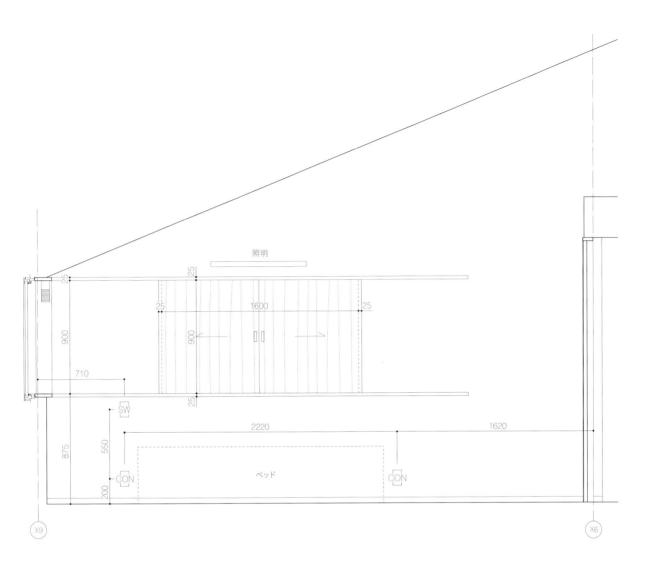

照明

25

25 1600 25

900

900

710

25

SW

2220 1620

875 550

CON ベッド CON

200

X9 X6

寝室

木塀をつくる大工

窓を清掃する洗い屋

薪ストーブの石張り

ロールスクリーンの設置

壁の塗り仕上げ

冷静に現場をみる

さあ、工事も仕上げ段階に。この時期になると多くの業者が出入りする。壁を仕上げる左官・内装工事、製作してきた建具の吊り込み、家具や金物、衛生設備機器、照明機器類もこの時期に取り付ける。設計監理者としてなるべく現場ですぐ質疑回答できるよう心掛け、仕上げの種類や機器の品番が図面どおりに施工されているかを再確認する。多くの人が出入りするこの段階は職人たちの注意力も散漫になるので、自ずと監理に行く回数も増えてくる。仕上がった壁に「気を付けてください」と一声かけるだけでも、道具をぶつけてしまったり床にものを落としたりというミスを減らすことができる。とはいえ、何より自分自身が作業の邪魔にならないよう注意したい。

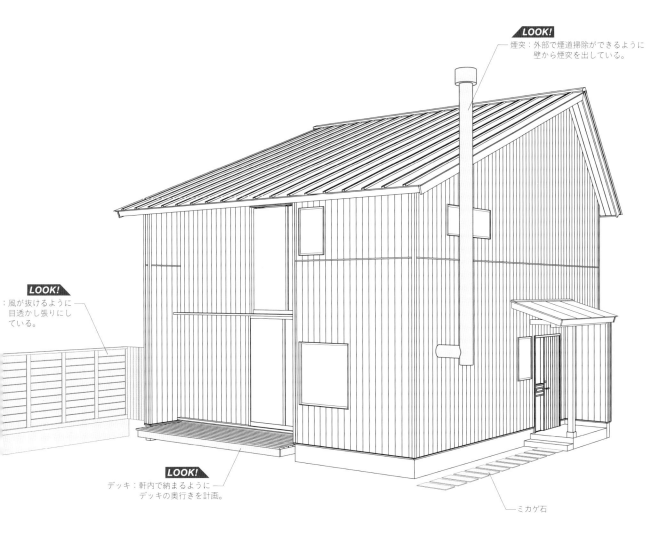

LOOK!
煙突：外部で煙道掃除ができるように
壁から煙突を出している。

LOOK!
：風が抜けるように
目透かし張りにし
ている。

LOOK!
デッキ：軒内で納まるように
デッキの奥行きを計画。

―ミカゲ石

現場メモ ▶ **照明チェック**

この時期になると、現場は午後の時間帯に行くようにしている。夕方から夜にかけて各照明の照度や反射光、調光などをチェックする。「もうすぐこの現場もお別れだな」とやや感傷的になるころでもある。時間的に余裕があれば、建主とともに照明を確認して、個数追加の要望があれば職人が現場に入っている間に対応してもらう。明るさの感覚は人によって違うので、照明計画は何度経験しても難しい。

吹き抜けのペンダントライト

シュークロークのダウンライト

植栽の位置を決める

ブナの木を植えるための穴を掘る

ブナの木が通りからの目隠しに

住宅に彩りを

外構工事は仕上工事と重なることが多く、いつも追込み時期のピリピリした状況で入ってもらうことになる。工期が迫っていれば急いでと言われ、予算がなくなれば最後のコスト調整対象にされやすい。でも、いつだって終盤に生命を吹き込んでくれるのが植栽である。住宅に彩りを添えてくれ、周辺にもその雰囲気が溢れ出す。いいとこ取りで造園家はずるい！と

思うこともある。設計者は庭師とともに、木を植える位置を一緒に考え、剪定の方針を伝える。工事前にはできるだけ自分の目で実際の樹木を見て樹形や樹種を選ぶようにしている。

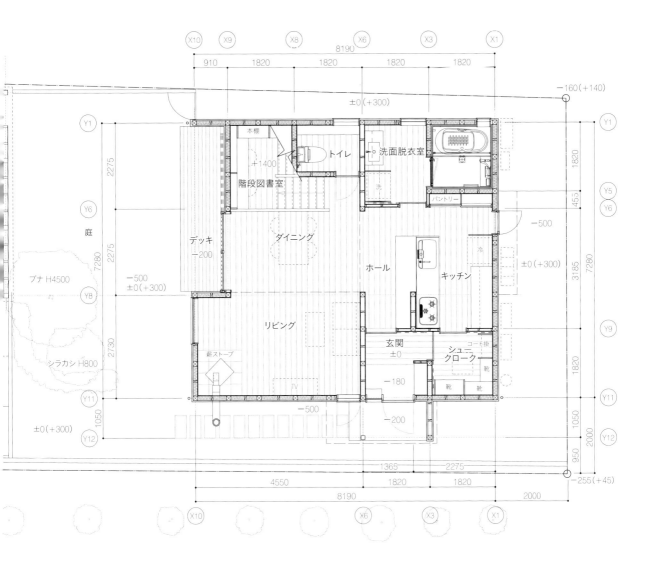

1F平面図　S＝1:100

暮らしに必要な植物の生命力

庭に面する室内空間では、必ず外部の植栽を一体的に計画する。開口部の先にどのような風景が広がるのか。木は落葉樹か常緑樹か。地被植物はどんな種類でどれくらい植えるのか。頭の中にあるイメージを描き込んでいく。庭をつくると虫や鳥が来て、鳥のフンから種が落ちてまた生命が宿る。人の暮らしには植物の生命力が必要だと思っている。しか

し今回はまさかの緊急事態。なんと建主が総予算の計算を間違え、直前で造園費がなくなってしまった。かといって、予定していた4.5mのブナの木なくして、この住宅は完成しない。なんとか1本だけでもと思案した結果、私が職人に一日弟子入りすることに。手掘りで大きな穴をあけ、ブナの木を植えた。土の匂いに幼い頃手伝った庭の草むしりを思い出した。

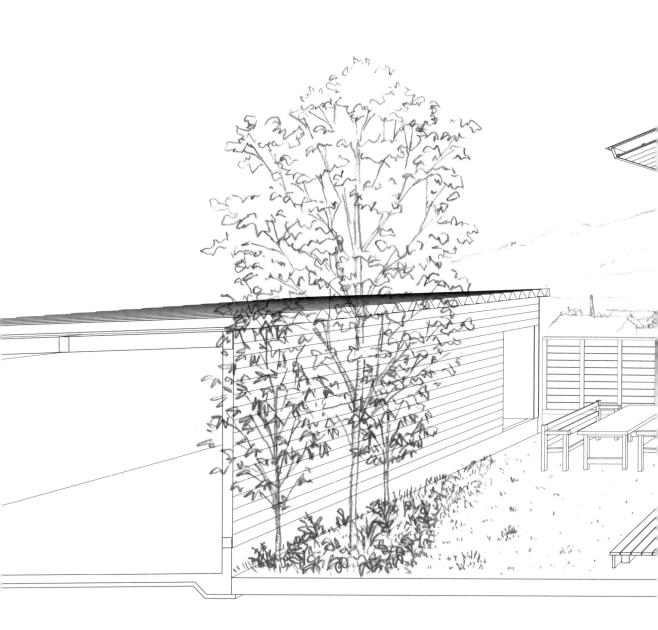

最後は設計検査!

引渡しは新しく生活されるご家族にとっても、設計者、施工者にとっても大切な日。無事竣工しても、もう一仕事。引渡し前に忘れてはならないのが、設計検査と施主検査。設計検査では、傷の見落としや手直しの必要な箇所がないか、付箋片手に空間の隅々までチェックする。その後、施主検査を実施し、何か不備があれば修正できるように、引渡しの1週間前は検査を終えるような工程計画が必要となる。建主も完成した住宅を見ると早く引っ越したくなるようで、補修などが少なければ早めに引渡すこともある。また、施主検査までに電気、水道、ガス開栓、インターネット引き込みなどの一連の手続きを建主に伝えて段取りしておくと、スムーズに引越しができる。

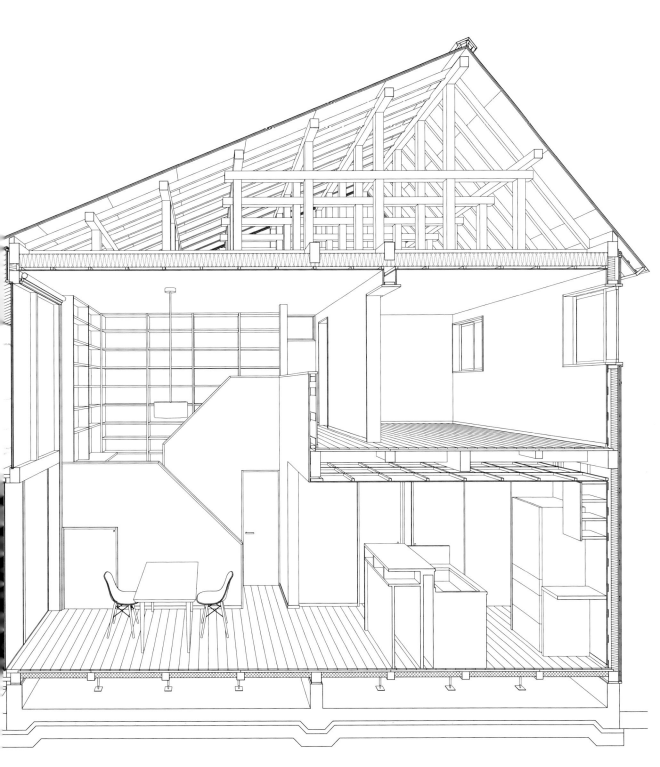

引渡しは始まり

竣工して引渡せば、設計者としての仕事は終わったと思う人がいるかもしれないが、引渡しはあくまで設計監理を終えただけ。本当は、いつもこの日が始まりだと思っている。建主が実際にどう生活されるのか、不具合はないか、気になって仕方がない。地震や台風で速報が出るたびに表示される地名が気になってしまう。設計した住宅は我が子と同じで、巣立った後はしっかりやっているか、いつも遠くから見守っている感覚である。だから、時々遊びに行ってしまう。事前連絡していくこともあれば、近くを通ったからといって突然ピンポンを鳴らすことも。訪れた時、変わらず愛情をもって住みこなしてくれていれば、これほど嬉しいことはない。

interview　建主にきく〈吹抜けのある家〉と生活

——新居に引っ越してきたときはどうでしたか?

夫　環境の変化に戸惑うこともなく、すぐに新しい家での生活に馴染むことができました。

妻　設計段階からこうしてほしいという要望を細かく聞いてもらったし、自分たちの好みもわかって
　　くれていたから、違和感もなく住みやすいです。キッチン前のカウンターやパントリーは、統一
　　感があってものが溢れないし、生活感を上手く隠せています。

——実際の住み心地はどうですか?

夫　冬は薪ストーブ中心の生活です。吹抜け上部の建具を開けると薪ストーブの暖気が上がってき
　　て、すごくあったかいんです。子どもと実家に帰ると、顔までピチッと布団をかけて寝るんで
　　すけど、普段この家では布団を蹴飛ばしてます。
　　逆に夏は、中庭のある南側の全面窓が開放感たっぷりで、とても気持ちいいですね。夏は窓
　　を全開にして、内も外もなく、キッチン側の勝手口も開けて風を通して涼しく過ごせています。

——平日と休日の過ごし方は?

夫　薪ストーブはすぐに暖かくならないから平日はあまり使いません。その分、休日はいつも薪ス
　　トーブを楽しんでますね。暖房機能以上に、薪ストーブに皆が集まる、豊かな生活が手に入っ
　　たように感じています。幸いにも地域で薪を集めるルートがあるんです。休日の薪割りや薪
　　集めもレクリエーションになっています。薪棚はちょうど1区画(自作の薪小屋)で1年分ぐら
　　いかな。寝る前に薪を1本だけくべて、置き火をする。空気の絞り方が結構重要で、朝まで
　　薪が残るようにしています。一度家が暖まると何本も薪を燃やさなくてもいいので、真冬の朝
　　は寒いと思うことがなくて、とても快適です。

——住宅の中で気に入っている場所はどこですか?

夫　僕は階段踊り場の書斎スペースかな。あとは吹抜け。

妻　私はリビングとダイニングの天井の高さの違いかな。天井が低いリビングは籠れる感じがあっ
　　て、仕事から帰ってきて、ゆっくりと映画を観るのが好きです。開放感だけではない感じがとて
　　も落ち着きます。

夫　夏にバーベキューをする時も、吹抜けの窓を全開にしたらすごく開放的で。

妻　友達が、玄関じゃなくて南側の窓から入ってくるんです。

——収納の使い勝手はどうですか?

妻　パントリーをつくってもらったのは正解でした。人が来た時に、すぐにものを仕舞い込めるか
　　ら。あと、最初はアイランドキッチンにしたいとお願いしていましたが、手元を隠せるようにとセ
　　ミクローズ型キッチンに変えたのもとてもよかったです。

——普段の掃除はどうしていますか?

妻　お風呂やキッチンは汚れも落ちやすい素材だし、家事動線も考えていただいたので、掃除が
　　楽です。キッチン横のシュークロークは空き缶や空き瓶を置いておく場所としても活躍してい
　　ます。

——子育て生活はどう変化しましたか？

夫　子どもが生まれてから、まず薪ストーブに柵を設置しました。家具コーナーには一時的にクッ
　　ションをつけたり、階段のところはゲートをつけたり。

妻　吹抜け上部にある寝室の開口部は、3〜4歳になると危ないので、一時的に鍵をつけようか
　　と思ってます。

夫　階段は一人じゃ危ないよ、と言うと行かないんです。話せばわかってくれるようにもなってきま
　　した。

妻　キッチンが高いのも、子どもが手を伸ばして届かないくらいで、安心ですね。

夫　作業もしやすいし、キッチンは高くして正解でした。

——吹抜けで困ったことは？

妻　子どもが小さい時だけだと思いますが、キッチンの食器を片付ける音とか、1階の物音が2階
　　まで響くので、寝かしつけた後に起きてしまうことがありましたね。今は大丈夫ですが、もっと
　　大きくなって勉強する時期になったら何か考えないとな、と思っています。

——木製枠や木製建具が多いです。実際どうですか？

夫　窓枠は2回くらい反って削ってもらったことがあったけど、今は落ち着いたかな。

妻　洗面室のドアが開かなくなったりもしましたね。

夫　床（ラーチ）は柔らかくて良い足触りです。子どもがいろいろこぼしたりするので、場所ごとに
　　風合いの差は出てきましたね。階段下の倉庫の中と比べると、はじめはこんなに白かったん
　　だって思う。

——今後のメンテナンスは？

夫　外壁の色が落ちてきたけど、塗りなおすよりもこれはこれで良い味かなと。室内の壁（室内）は
　　やっぱり汚れてしまうことも多くて、引渡しの時にもらった塗料で、時々自分で塗ってます。

——ほかに気になることはありますか？

夫　天井のファンをあまり使ってないですね。

妻　冬は暖かい空気を回そうと思って使うんですが、夏は冷たい空気が下に溜まるので、回さない
　　ほうが1階は涼しくて。
　　夏に階段の書斎スペースを使うときなんかは、吹抜けの熱が溜まって暑いので、もっと天井の
　　ファンを活用したほうがいいですよね。

2021年12月5日〈吹き抜けのある家〉にて

おわりに

　この本を書きながら、〈吹抜けのある家〉の図面整理や現場写真を眺め、現場でのあらゆる場面を思い出した。竣工を目指すどの現場も、多くの職人たちに支えられているが、いつも感じることは現場監督と棟梁の存在である。現場監督の大村利和さんは、設計のこだわりをしっかり理解し、どうすれば実現できるかを一緒に考えてくれ、その意図を的確に職人へ伝えてくれる設計の良き理解者である。棟梁の千原紀明さんは、経験に基づく判断だけでなく新しい試みにも挑戦してくれる頼もしい棟梁である。私の祖父が大工だった事もあり、大工への憧れと期待は大きいのだが、それを裏切らない仕事ぶりにいつも感謝している。そして大工であった祖父も、89歳になった今でも社寺建築の施工図面を描いている。この大きな背中を見ていると、自分自身がまだまだ未熟者だと痛感させられる。現場は本当に奥深く、未だにわからないことが多い。だから現場と図面を行き来することが楽しくて仕方がないのかも知れない。

　現場と図面をつなぐ図解本として、設計を志す若い世代へ向けて執筆の機会をいただき、本書を編集してくださった学芸出版社の岩切江津子さん、山口智子さん、ブックデザインを手がけてくださった木村幸央さん、手描きアイソメで空間を図解していただいた同志の政木哲也さん、このような企画に快く賛同していただいた建主とご家族の皆様に感謝申し上げます。そして、設計のいろはから、建築家としての真摯な姿勢を学ばせていただいた師である横内敏人先生に感謝申し上げます。

　最後に、いつも私を支えてくれている家族に感謝の意を伝えたいと思います。

2022年7月5日
半海宏一

著者略歴

半海宏一（はんかい こういち）

建築家。1983年京都府宮津市生まれ。
2008年京都造形芸術大学大学院芸術表現専攻修士課程修了。
横内敏人建築設計事務所勤務を経て、2014年半海宏一建築設計事務所設立。2016年より京都橘大学工学部建築デザイン学科講師。共著書に『建築デザイン製図』（学芸出版社、2018）。

―――――

手描きアイソメ図

政木哲也（p.97, 101, 105, 109, 113）

写真

吉田祥平［amu］（pp.6–15, p.34, 35, 67）

現場写真協力

株式会社　大村工務店

参考文献・URL

・「建築工事の祭式」編集委員会 著『建築工事の祭式　地鎮祭から竣工式まで』学芸出版社、2001
・住宅金融支援機構 著『フラット35対応 木造住宅工事仕様書 2019年版』井上書院、2019
・小林一元・宮越喜彦・高橋昌巳・宮坂公啓 著『木造建築用語辞典』井上書院、1997
・株式会社マルホンHP
　https://www.mokuzai.com/Product/Flooring

―――――

現場と図面をつなぐ　図解　木造住宅の設計

2022年8月25日　第1版第1刷発行

著者

半海宏一

発行者

井口夏実

発行所

株式会社学芸出版社
〒600-8216 京都市下京区木津屋橋通西洞院東入
電話 075-343-0811
http://www.gakugei-pub.jp/
info@gakugei-pub.jp
編集担当　岩切江津子、山口智子

ブックデザイン

木村幸央

印刷・製本

シナノパブリッシングプレス

©Koichi Hankai 2022 ISBN 978-4-7615-2826-3 Printed in Japan

NIWA HOUSE　Houses Designed by TOSHIHITO YOKOUCHI
横内敏人の住宅 2014－2019

横内敏人 著

A4横判・416頁・本体15,000円＋税

庭と建築を一体につくる"庭屋一如"の思想を体現してきた建築家の最新26作品。現代的な和の空間、洗練された木造住宅建築に定評ある著者は、自ら植栽図を描き、樹種を選定し、施工に立ち会う。邸宅や別荘をはじめ、街中のコートハウス、郊外住宅、増改築、公共的施設まで、設計思想とプロセスを詳細な図面資料と写真で綴る。

堀部安嗣　小さな五角形の家　全図面と設計の現場

堀部安嗣 著／柳沢 究 構成

A4変判・144頁・本体3,800円＋税

的確な寸法とプロポーションから導かれるプランニングの完成度。大らかな屋根の過不足ない構造美。空間に調和する細部のデザイン。建築家が"30坪の住宅"に込める設計思想の全貌を、きっかけとなった建主の一言、エスキス、実施図、施工図、構造家・造園家との協働、設備計画、施工現場と多様なプロセスから紐解く。

伝わる図面の描きかた　住宅の実施設計25の心構え

関本竜太 著

B5判・124頁・本体2,800円＋税

設計意図が正しく伝わるよう綿密に気を配った図面は、施工のミスを防ぎ、工務店との関係性や施主の満足度を向上し、ひいては建築家自身の設計環境をも高める。本書は1軒の住宅を素材に、実施図面を描く際の心得や現場を見据えた工夫、設計にフィードバックするための勘所を、写真やありがちなエピソードも交えて解説する。

中村好文 百戦錬磨の台所 vol.1

中村好文 著

B5判・128頁・本体2,700円＋税

これまで300軒以上の住宅を手がけてきた中村好文さん。食いしん坊で料理好きの建築家は、クライアントの多様な食生活に応える台所に知恵と工夫を注いできた。本書に登場する住まい手は、自慢の台所を生き生きと使いこなし、料理と食事を大切にする暮らしを楽しむ。そんな幸福な台所の日常を、豊かな文章、写真、図面で紹介。